귀화 면접심사 &
사회통합 프로그램
구술시험
기출분석

시대에듀

머리말

귀화시험은 대한민국에 귀화하기를 원하는 외국인들이 응시하는 시험입니다. 대한민국 국적을 얻으려면 사회통합프로그램 5단계 과정을 이수하고 귀화용 종합평가에 응시 후 합격하거나 사회통합프로그램 5단계 과정을 이수하지 않고 귀화용 종합평가에 응시해 합격한 다음 귀화 면접심사까지 통과해야 합니다.

하지만 많은 외국인이 한국어로 말하는 '면접심사'와 '구술시험'을 어려워합니다. 이에 '귀화 면접심사'와 '사회통합프로그램 구술시험'의 올바른 길잡이가 되어 이를 준비하는 수험생들의 두려움을 없앨 수 있도록 『귀화 면접심사 & 사회통합프로그램 구술시험 기출분석』을 출간했습니다. 이 책은 귀화 면접심사를 준비하는 수험생은 물론이고, 사회통합프로그램의 각 평가를 준비하는 수험생도 구술시험에 대비할 수 있도록 구성했습니다. 도서의 특징은 다음과 같습니다.

도서의 특징

- **첫째** '귀화 면접심사'와 '사회통합프로그램 구술시험'에 자주 출제되는 주제를 선정 · 수록했습니다.
- **둘째** '귀화 면접심사'와 '사회통합프로그램 구술시험'의 평가 범위와 주의사항을 정리했습니다.
- **셋째** '귀화 면접심사'에 나오는 기출문제를 주제별로 정리하여 시험 패턴과 문제 유형을 파악할 수 있도록 했습니다.
- **넷째** '사회통합프로그램 사전평가 · 중간평가 · 종합평가 구술시험'을 완벽하게 준비할 수 있는 기출문제를 수록했습니다.
- **다섯째** 기출 동형의 실전 모의평가를 수록했으며, 각각의 모의평가에는 모범 답안과 자세한 해설을 제시해 혼자서도 충분히 학습할 수 있도록 구성했습니다.
- **여섯째** 기출문제와 모범 답안을 MP3로 제공하여 언제 어디서나 연습할 수 있도록 했습니다.

끝으로 이 책을 활용하여 공부하는 모든 수험생의 합격과 행복한 한국생활을 기원합니다.

편저자 씀

HOW TO APPLY

한눈에 보는 사회통합프로그램 **평가 신청 방법**

❶ 사회통합프로그램 평가 홈페이지 (www.kiiptest.org)에 접속 후 로그인

❷ 사전평가/중간평가/종합평가(영주용·귀화용) 중 선택하여 신청

❸ 평가 지역과 날짜, 장소 선택

❹ 평가 응시료 결제

❺ 접수 내역 확인

INFORMATION

사회통합프로그램 안내

※ 모든 규정과 세부 내용은 변경될 수 있으니 자세한 사항은 관련 홈페이지를 참고하시기 바랍니다.

◆ 사회통합프로그램이란?

❶ 대한민국에 체류하는 이민자가 한국 사회의 구성원으로 적응·자립하는 데 필요한 기본 소양을 체계적으로 함양할 수 있도록 마련한 교육임.

❷ 법무부 장관이 지정한 운영기관에서 소정의 교육을 이수한 이민자에게 체류허가와 영주권·국적 부여 등 이민 정책과 연계한 혜택을 제공하여 이민자 사회통합 정책의 핵심적인 역할을 수행하도록 함.

◆ 사회통합프로그램 이수 혜택

❶ **귀화 신청 시 혜택**
 • 귀화용 종합평가 합격 인정: 귀화용 종합평가 합격자
 • 귀화 면접심사 면제: 2018년 3월 1일 이후부터 귀화용 종합평가 합격자만 해당

❷ **영주자격 신청 시 혜택**
 • 기본 소양 요건 충족 인정
 • 실태조사 면제

❸ **그 외 체류자격 신청 시 혜택**
 • 가점 등 점수 부여
 • 한국어 능력 등 입증 면제

❹ **사증(VISA) 신청 시 혜택**
 • 한국어 능력 등 입증 면제

◆ 참여 대상

❶ 외국인등록증 또는 거소신고증을 소지한 합법 체류 외국인 또는 귀화자
❷ 국적 취득일로부터 3년이 경과하지 않은 귀화자

✦ 사회통합프로그램 교육 과정 및 이수 시간

❶ 한국어와 한국 문화(0~4단계)
- 사전평가 결과에 따라 교육 단계 배정, 한국어능력시험(TOPIK) 등급 소지자는 프로그램에서 동일 수준의 단계를 인정받아 교육 단계 배정
- 0단계(기초), 1단계(초급1), 2단계(초급2), 3단계(중급1), 4단계(중급2)로 구성

❷ 한국 사회 이해(5단계)
- 기본 과정과 심화 과정으로 구성
- 각 과정 이수 후 영주용 종합평가, 귀화용 종합평가 응시

단계	한국어와 한국 문화					한국 사회 이해	
	0단계	1단계	2단계	3단계	4단계	5단계	
과정	기초	초급1	초급2	중급1	중급2	기본	심화
이수 시간	15시간	100시간	100시간	100시간	100시간	70시간	30시간
평가	없음	1단계 평가	2단계 평가	3단계 평가	중간평가	영주용 종합평가	귀화용 종합평가
사전평가 점수	구술시험 3점 미만 (필기점수 무관)	3~20점	21~40점	41~60점	61~80점	81~100점	-

※ 2021년 8월 16일부터 이수 시간이 변경되어 위와 같이 진행되며, 변경 이전의 교육 과정과 이수 시간은 사회통합정보망으로 문의하시기 바랍니다.

❸ 그 외 교육
- 시민 교육: 이민자의 사회 적응을 위하여 각 분야별 전문기관이 개발한 맞춤형 교육(생활 법률 교육, 마약 예방 교육, 범죄 예방 교육 등 총 8개)이 운영되고 있으며, 법무부 사전 승인을 받아 다양한 시민 교육이 추가될 수 있습니다.
- 지자체 연계 프로그램: 각 지방자치단체의 이민자 대상 문화, 교육, 체험 프로그램 중 사회통합에 기여하는 우수 프로그램을 사회통합프로그램 지자체 연계 프로그램으로 지정하여 참여가 가능합니다.
- 이민자 멘토 교육: 한국에 성공적으로 정착한 이민자가 사회통합프로그램에 참여 중인 이민자의 멘토가 되어 한국 사회 적응을 위한 경험을 공유하는 강연 형식의 상호 소통 교육입니다.
※ 위 교육 참여 시 사회통합프로그램 교육 단계의 출석 시간으로 인정됩니다.

✦ 사회통합프로그램 교육 단계별 신청 방법

1. 신청 기간 내에 사회통합정보망 홈페이지에서 로그인 후 '사회통합프로그램 과정 신청' 메뉴 클릭

↓

2. 조회된 리스트 중 해당 과정을 개설한 기관명, 과정 기간, 과정 및 단계 등을 확인하여 수강할 과정 선택

↓

3. 과정 정보(강사명, 시간, 장소 등)를 확인 후 신청 버튼 클릭(단, 과정 신청 인원이 정원보다 초과되었을 경우 '대기 신청' 버튼 클릭)

↓

4. 신청 후 과정 신청 및 배정 대기, 신청 반려 상태 등 확인 가능

※ 사회통합프로그램 과정은 온라인으로만 신청할 수 있습니다.

✦ 사회통합프로그램 평가 단계

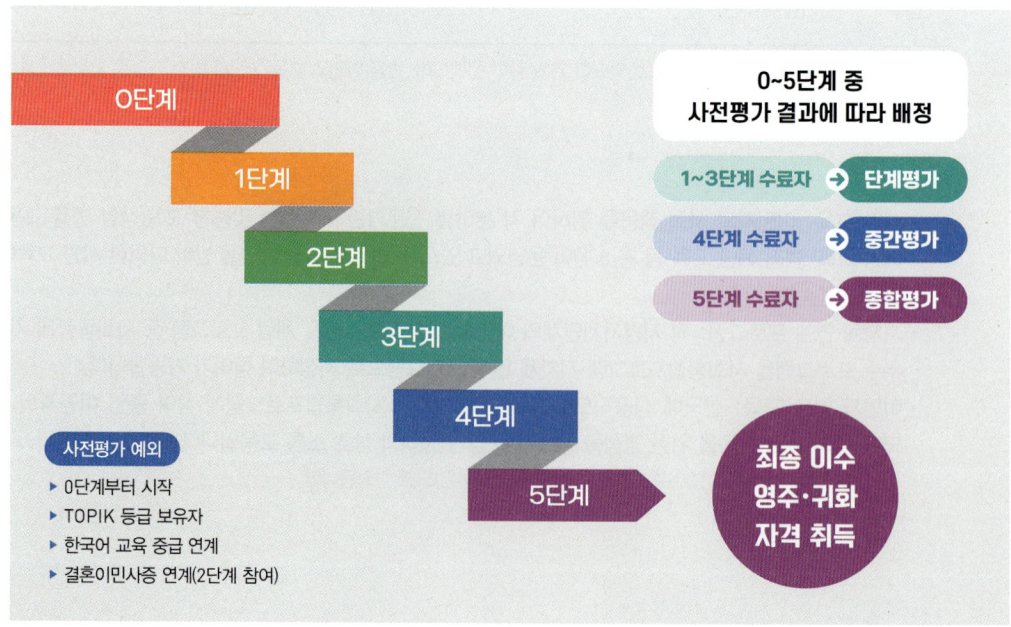

INFORMATION

사회통합프로그램 종합평가 안내

✦ 종합평가 종류
❶ 영주용 종합평가(KIPRAT)
❷ 귀화용 종합평가(KINAT)

✦ 신청 대상

❶ **영주용 종합평가**
- 사회통합프로그램 5단계 기본 과정(70시간)을 수료한 사람
- 사회통합프로그램 5단계 기본 과정(70시간)을 수료하지 않았으나 사전평가에서 85점 이상 득점한 날로부터 2년 이내인 사람

❷ **귀화용 종합평가**
- 사회통합프로그램 5단계 전체 과정(기본 + 심화)을 수료한 사람
- 2016년 7월 17일 이전 반복 수료에 의한 이수 완료자
- 2018년 3월 1일 이후 귀화허가를 신청한 사람

✦ 평가 방법(CBT · PBT 동일)

시험 종류 \ 구분	문항 유형	문항 수	배점(총 100점)	답안지
필기시험 (40문항, 60분)	객관식(50분)	36문항	65점*	OMR카드
	작문형(10분)	4문항(통합하여 1문항)	10점(4문항×2.5점)	200자 원고지
구술시험 (5문항, 약 10분)	구술형	5문항	25점(5문항×5점)	구술시험 채점표

★ 객관식 배점 구분은 변경될 수 있습니다. (14문항×1.5점, 22문항×2점 등)

✦ 합격 기준
❶ **합격 기준**: 100점 만점에 60점 이상 득점
❷ **평가 결과 확인**: 평가 후 사회통합정보망(마이페이지) 또는 사회통합프로그램 평가(성적조회)에서 점수와 합격 여부 확인

NOTICE

CBT · PBT 답안 작성 방법 미리 보기

✦ CBT 답안 작성 방법

수험생은 반드시 자신의 시험 접수증(수험표)과 신분증을 지참해야 합니다.

❶ 접수한 평가 일자와 평가 장소에서 응시하시기 바랍니다. 평가 당일 시작 20분 전까지는 반드시 입실해야 하며, 시험 시작 이후에는 시험장에 들어갈 수 없습니다. 감독관의 안내를 듣고 배정된 좌석에 앉아 지시를 따라야 합니다.

❷ CBT 객관식 답안은 화면에 나오는 번호를 클릭(❶)하거나 오른쪽에 보이는 번호를 클릭(❷)하여 입력할 수 있습니다.
※ 개인의 부주의로 입력되지 않은 문항에 대한 책임은 본인에게 있습니다.

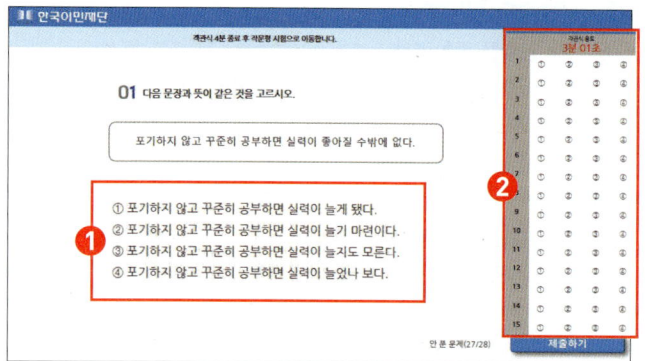

❸ CBT 주관식 답안과 구술시험 답안은 컴퓨터 키보드를 이용하여 직접 입력할 수 있습니다.

✦ PBT 답안 작성 방법

수험생은 반드시 자신의 시험 접수증(수험표), 신분증, 필기구(컴퓨터용 검은색 사인펜, 수정테이프 등)를 지참해야 합니다.

❶ 접수한 평가 일자와 평가 장소에서 응시하시기 바랍니다. 평가 당일 입실 마감 전(12시 30분)까지 반드시 입실해야 하며, 지정된 좌석에 앉아 감독관의 지시에 따라야 합니다.

❷ 답안지의 모든 표기 사항은 평가 당일 감독관이 지급하는 컴퓨터용 검은색 사인펜으로만 작성해야 합니다.

❸ 올바른 OMR 답안지 기재 방법을 숙지하여 답안을 작성해야 합니다.
※ 잘못된 필기구 사용과 답안지의 불완전한 마킹으로 인한 답안 작성 오류는 본인에게 책임이 있습니다.

❹ 평가 종료 후 감독관의 지시가 있을 때까지 퇴실할 수 없으며, 지급된 모든 문제지와 답안지는 반드시 제출해야 합니다.

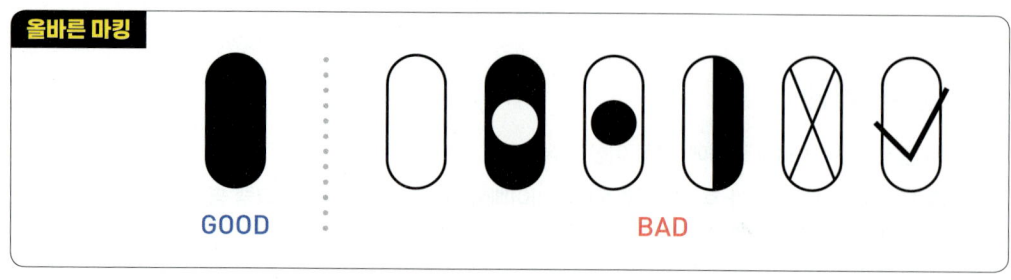

✦ 주의사항

❶ 신분증(외국인등록증, 주민등록증, 여권, 한국 운전면허증, 사진이 첨부된 체류허가 신청확인서)을 지참하지 않으면 평가에 응시할 수 없습니다.
  ※ 신분증 사본, 사진 촬영본 등 원본이 아닐 경우 응시할 수 없습니다.
❷ 시험 시간 중에는 화장실을 이용할 수 없으므로 유의하시기 바랍니다.
❸ 전자기기(휴대폰, 스마트 워치 등)를 사용하거나 대리 응시 등 감독관의 지시를 따르지 않고 부정행위를 할 경우 퇴실해야 하며, 1년 동안 사회통합프로그램에 참여할 수 없습니다.

✦ 구술시험 안내

❶ 구술시험은 필기시험과 같은 날, 필기시험이 끝난 후 실시됩니다.
❷ 구술시험은 약 10분 동안 진행됩니다.
❸ 구술시험 대기실에서 구술시험 채점표 2장을 받습니다.
❹ 받은 채점표에 자신의 이름을 영어로 정확하게 적고, 외국인등록번호, 일시, 지역을 바른 글씨로 적습니다.

구술시험 채점표

☐ 평가구분: 종합평가

성명	Hong Gil Dong	일시	20○○.○○.○○.	구술시험관	성명	
외국인등록번호	91○○○○-5○○○○○○	지역	서울		서명	

※ 제시된 그림은 예시입니다. 실제 평가장의 상황에 따라 자세한 내용은 달라질 수 있습니다.

❺ 구술시험 채점표를 작성한 뒤, 채점표와 신분증을 가지고 순서가 될 때까지 기다립니다.
❻ 순서가 되면 구술시험 채점표와 신분증을 들고 평가장에 들어갑니다.
❼ 평가장에 들어갈 때는 예의 바르게 인사를 하고, 감독관에게 구술시험 채점표와 신분증을 제출합니다.
❽ 정해진 자리에 앉아 감독관의 지시에 따라 문제지를 읽고, 질문에 대답합니다.
❾ 구술시험이 끝난 뒤에는 감독관에게 인사를 합니다.
❿ 평가장을 나올 때 신분증을 반드시 돌려받아야 합니다.

이 책의 구성과 특징

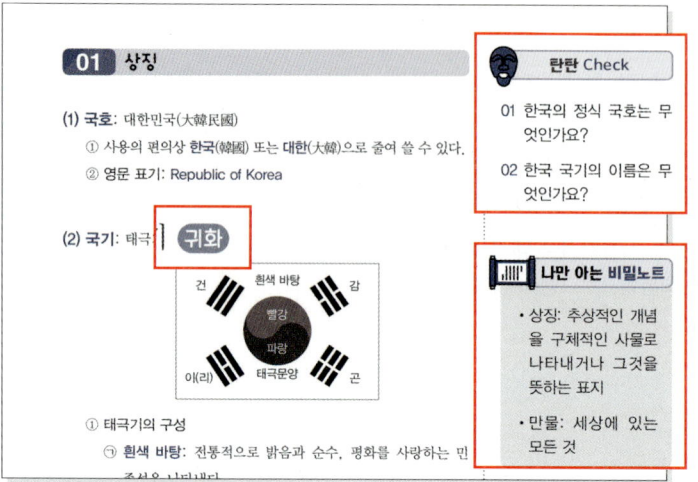

핵심 이론
시험에 자주 출제되는 핵심만 담았습니다. 더불어 면접심사와 구술시험에 반드시 나오는 이론은 따로 표시해 두었습니다. 공부한 내용은 '탄탄 Check'로 확인하고, 모르는 단어는 '나만 아는 비밀노트'로 학습해 봅시다.

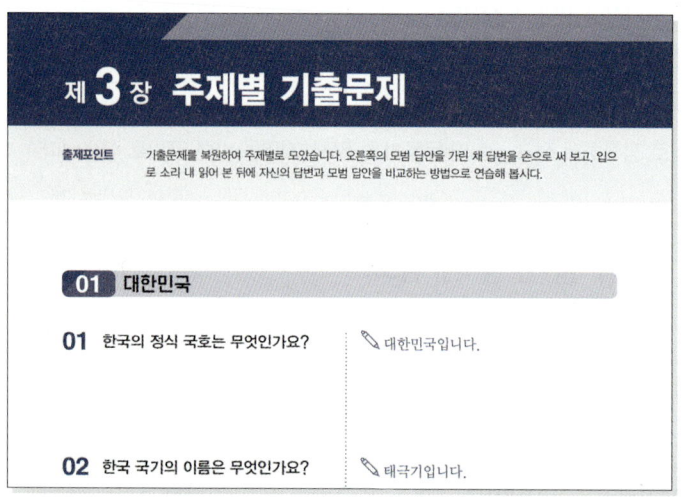

주제별 기출문제
기출문제를 주제별로 복원하여 수록했습니다. 실제 면접처럼 대답해 보고, 부족한 부분이 있다면 모범 답안과 자신의 답변을 비교하면서 공부해 봅시다.

실전 모의평가
'귀화 면접심사'와 '사회통합프로그램 구술시험'에서 출제되는 동일한 형식의 모의평가를 수록했습니다. 시간을 정해 두고, 질문에 답해 보면서 실제 면접을 보는 것처럼 연습해 봅시다.

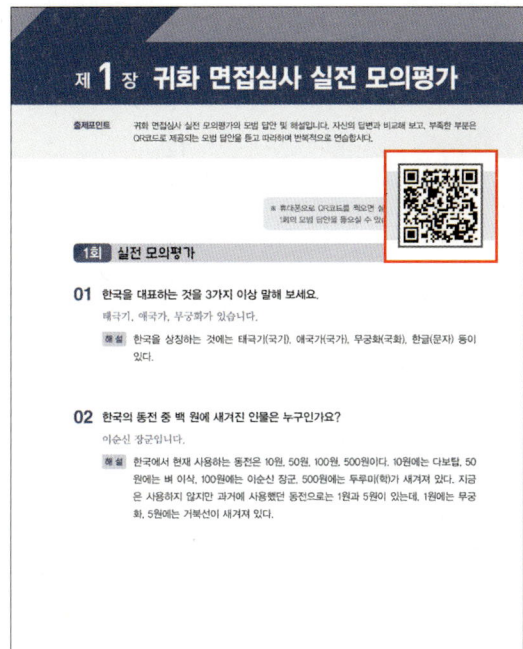

모범 답안 및 해설

실전 모의평가의 모범 답안을 수록했습니다. 자신의 대답과 모범 답안을 비교하면서 부족한 부분은 반복적으로 연습해 봅시다.

QR코드를 활용한 듣기 학습

스마트폰으로 편하게 연습할 수 있도록 QR코드를 수록했습니다. 귀화 면접심사 기출 주제 읽기 평가와 실전 모의평가 1회분, 단계별 사회통합프로그램 구술시험 실전 모의평가 1회분의 질문과 모범 답안을 MP3 파일로 제공합니다. 음성을 들으며 실제 시험을 보는 것처럼 연습해 봅시다.

❖ MP3 음원 안내
1. 도서 내 QR코드(유튜브)로 바로 듣기
2. 시대에듀 홈페이지에서 다운로드받기
   (sdedu.co.kr → 학습 자료실 → MP3)

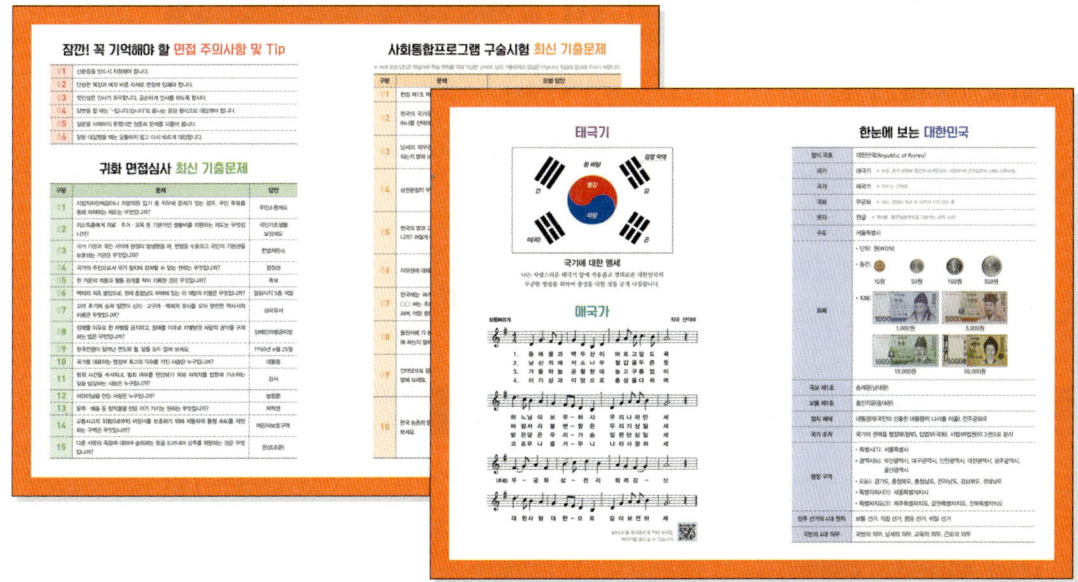

'한눈에 보는 대한민국'과 '면접심사 & 구술시험' 최신 기출문제

꼭 알아야 할 대한민국의 정보를 한눈에 볼 수 있게 정리했습니다. 또한 '귀화 면접심사'와 '사회통합프로그램 구술시험'의 최신 기출문제를 복원·수록하여 면접에 어떤 문제가 나오는지 미리 살펴볼 수 있습니다.

이 책의 목차

제1편 | 핵심 이론

제1장 대한민국 · 3
제2장 역사 · 12
제3장 정치 · 20
제4장 제도와 생활 · 27
제5장 전통 문화 · 34
제6장 문화유산 · 40
제7장 남북통일 · 47

제2편 | 귀화 면접심사

제1장 면접심사 소개 · 53
제2장 기출 주제 읽기 평가 · 56
제3장 주제별 기출문제 · 61
제4장 실전 모의평가 · 113

제3편 | 사회통합프로그램 구술시험

제1장 구술시험 소개 · 131
제2장 1단계 실전 모의평가 · 133
제3장 2단계 실전 모의평가 · 138
제4장 3단계 실전 모의평가 · 143
제5장 중간평가 실전 모의평가 · 149
제6장 종합평가 실전 모의평가 · 157

제4편 | 모범 답안 및 해설

제1장 귀화 면접심사 실전 모의평가 · 167
제2장 1단계 실전 모의평가 · 191
제3장 2단계 실전 모의평가 · 198
제4장 3단계 실전 모의평가 · 206
제5장 중간평가 실전 모의평가 · 214
제6장 종합평가 실전 모의평가 · 229

잠깐! 꼭 기억해야 할 면접 주의사항 및 Tip

01	신분증을 반드시 지참해야 합니다.
02	단정한 복장과 예의 바른 자세로 면접에 임해야 합니다.
03	첫인상은 인사가 좌우합니다. 공손하게 인사를 하도록 합니다.
04	답변을 할 때는 '-입니다/습니다'로 끝나는 문장 형식으로 대답해야 합니다.
05	질문을 이해하지 못했다면 정중히 되물어 봅니다.
06	잘못 대답했을 때는 당황하지 말고 다시 바르게 대답합니다.

귀화 면접심사 최신 기출문제

구분	문제	답안
01	지방자치단체장이나 지방의원 임기 중 직무에 문제가 있는 경우, 주민 투표를 통해 재재하는 제도는 무엇입니까?	주민소환제도
02	저소득층에게 의료·주거·교육 등 기본적인 생활비를 지원하는 제도는 무엇입니까?	국민기초생활 보장제도
03	국가 기관과 국민 사이에 문제가 발생했을 때, 헌법을 수호하고 국민의 기본권을 보호하는 기관은 무엇입니까?	헌법재판소
04	국가의 주인으로서 국가 정치에 참여할 수 있는 권리는 무엇입니까?	참정권
05	한 가문의 계통과 혈통 관계를 적어 기록한 것은 무엇입니까?	족보
06	백제의 석조 불탑으로, 현재 충청남도 부여에 있는 이 석탑의 이름은 무엇입니까?	정림사지 5층 석탑
07	고려 후기에 승려 일연이 신라·고구려·백제의 유사를 모아 편찬한 역사서의 이름은 무엇입니까?	삼국유사
08	장애를 이유로 한 차별을 금지하고, 장애를 이유로 차별받은 사람의 권익을 구제하는 법은 무엇입니까?	장애인차별금지법
09	한국전쟁이 일어난 연도와 월, 일을 모두 말해 보세요.	1950년 6월 25일
10	국가를 대표하는 행정부 최고의 직위를 가진 사람은 누구입니까?	대통령
11	범죄 사건을 수사하고, 범죄 여부를 판단하기 위해 피의자를 법원에 기소하는 일을 담당하는 사람은 누구입니까?	검사
12	어린이날을 만든 사람은 누구입니까?	방정환
13	문화·예술 등 창작물을 만든 이가 가지는 권리는 무엇입니까?	저작권
14	교통사고의 위험으로부터 어린이를 보호하기 위해 자동차의 통행 속도를 제한하는 구역은 무엇입니까?	어린이보호구역
15	다른 사람의 죽음에 대하여 슬퍼하는 뜻을 드러내어 상주를 위문하는 것은 무엇입니까?	문상(조문)

사회통합프로그램 구술시험 최신 기출문제

※ 아래 모범 답안은 응시자의 학습 편의를 위해 작성한 것이며, 실제 기출문제의 정답은 아닙니다. 학습에 참고해 주시기 바랍니다.

구분	문제	모범 답안
01	헌법 제1조 제1항을 말해 보세요.	헌법 제1조 제1항은 "대한민국은 민주공화국이다."입니다.
02	한국의 국가(유산)선양 문화재) 중에서 하나를 선택하여 자세히 말해 보세요.	안동에 있는 도산서원은 전 연변에 있는 유학자 퇴계 이황 선생님께서 학문을 닦고, 제자들을 교육하기 위해 만든 서원입니다.
03	납세의 의무는 무엇이며 왜 이행해야 하는지 말해 보세요.	국가 유지에 필요한 세금을 내야 할 의무이며, 국민이 낸 세금으로 국가를 운영하기 때문에 국가의 발전을 위해서 국민은 성실하게 세금을 내야 합니다.
04	삼권분립이 무엇인지 말해 보세요.	국가 권력이 한 곳에 집중되어 생기는 독재 등 문제를 막기 위해 입법, 사법, 행정의 삼권으로 분리하여 서로 견제하게 함으로써 국민의 권리와 자유를 보장하는 국가 조직의 원리입니다.
05	한국의 법과 고향의 법에 차이점이 있습니까? 어떻게 다른지 말해 보세요.	가족 관계와 관련된 법을 보면, 한국은 유교의 영향으로 가족 간 의무와 권리 관계가 중요한데, 고향은 개인주의가 강해 개인과 관련된 법체계가 있다는 점이 다릅니다. 그래서 혼인과 이혼도 한국보다 비교적 자유롭습니다.
06	자유권에 대해 말해 보세요.	국가 권력에 의해 간섭이나 침해받지 않을 권리를 말합니다. 자유권에는 신체의 자유, 종교의 자유, 직업 선택의 자유 등이 있습니다.
07	한국에는 여러 대중교통이 있습니다. ○○ 씨는 주로 어떤 대중교통을 이용하며, 어떤 점이 좋은지 말해 보세요.	저는 지하철을 주로 이용합니다. 지하철은 이동 시간이 일정해서 출퇴근하기에 좋습니다.
08	돗진지에 가 본 적이 있나요? 돗진지는 왜 하는지 말해 보세요.	아직 돗진지에 가 본 적은 없습니다. 돗진지는 아기가 첫 생일을 건강하게 맞이하는 것을 기념하고, 장수(長壽, 오래 도록 삶)를 기원하기 위해 합니다.
09	인터넷으로 검색할 때 주의해야 할 점을 말해 보세요.	인터넷에는 실시간으로 수많은 정보가 올라옵니다. 하지만 사로 만든 가짜 뉴스, 루머 등 가짓된 정보들이 검색 결과로 많이 노출되면서, 신뢰도가 크게 떨어지고 있기 때문에 정말이 정보가 맞는지 정확한 확인이 필요합니다.
10	한국 농촌의 문제점과 해결 방법을 말해 보세요.	산업화로 젊은 인구가 도시로 몰리면서 농촌의 인구는 줄고, 나이가 많은 사람들만 남게 되어 있어 부족하게 되었습니다. 이를 해결하기 위해서 정부는 농촌의 인구가 도시로 이동하지 않도록 다양한 시설과 환경을 개선해야 하며, 젊은 농민들을 육성할 수 있도록 구체적이고 장기적인 계획을 세워야 합니다.

한눈에 보는 대한민국

정식 국호	대한민국(Republic of Korea)	
국기	태극기	※ 구성: 흰색 바탕에 중앙의 태극문양과 가장자리의 건곤감리의 4괘로 이루어짐
국가	애국가	※ 작곡가: 안익태
국화	무궁화	※ 의미: 영원히 피고 또 피어서 지지 않는 꽃
문자	한글	※ 옛이름: 훈민정음(백성을 가르치는 바른 소리)
수도	서울특별시	
화폐	• 단위: 원(WON) • 동전: 10원, 50원, 100원, 500원 • 지폐: 1,000원, 5,000원, 10,000원, 50,000원	
국보 제1호	숭례문(남대문)	
보물 제1호	흥인지문(동대문)	
정치 체제	대통령제(국민이 선출한 대통령이 나라를 이끔), 민주공화국	
국가 조직	국가의 권력을 행정부(정부), 입법부(국회), 사법부(법원)의 3권으로 분리	
행정 구역	• 특별시(1): 서울특별시 • 광역시(6): 부산광역시, 대구광역시, 인천광역시, 대전광역시, 광주광역시, 울산광역시 • 도(6): 경기도, 충청북도, 충청남도, 전라남도, 경상북도, 경상남도 • 특별자치시(1): 세종특별자치시 • 특별자치도(3): 제주특별자치도, 강원특별자치도, 전북특별자치도	
민주 선거의 4대 원칙	보통 선거, 직접 선거, 평등 선거, 비밀 선거	
국민의 4대 의무	국방의 의무, 납세의 의무, 교육의 의무, 근로의 의무	

태극기

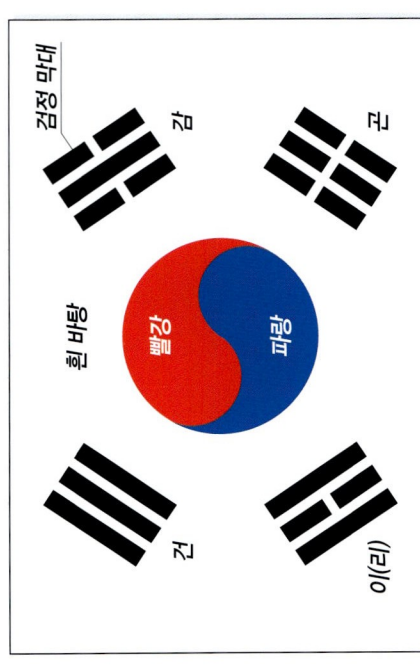

국기에 대한 맹세

나는 자랑스러운 태극기 앞에 자유롭고 정의로운 대한민국의 무궁한 영광을 위하여 충성을 다할 것을 굳게 다짐합니다.

애국가

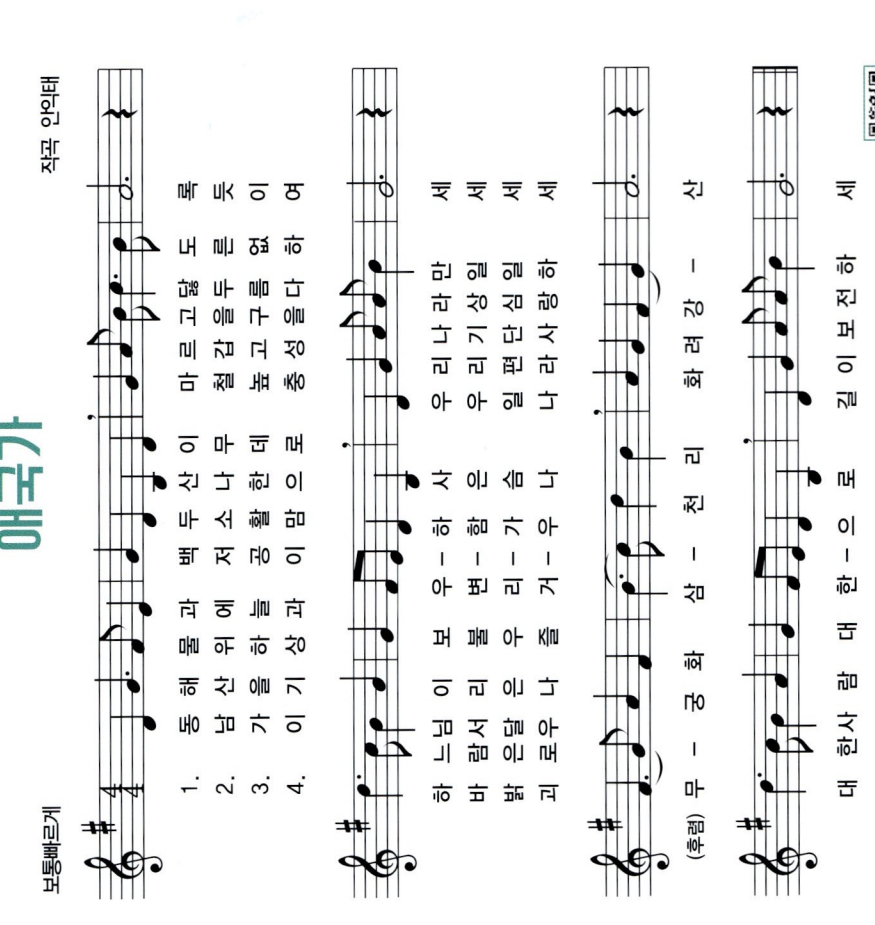

제1편
핵심 이론

제1장　대한민국
제2장　역사
제3장　정치
제4장　제도와 생활
제5장　전통 문화
제6장　문화유산
제7장　남북통일

 시대에듀 홈페이지 접속 ➜ 학습 자료실 ➜ 학습자료 ➜ MP3 클릭 ➜
[귀화 면접심사 & 사회통합프로그램 구술시험 기출분석] 검색 후 다운로드

제 1 장 대한민국

출제포인트 한국에 대해 알아 두어야 할 내용에는 여러 가지가 있습니다. 특히, 대한민국의 상징과 화폐, 국경일·기념일 등은 시험에 자주 나오고 대한민국 국민으로서도 꼭 알아 두어야 하는 내용이므로 정확하게 공부합시다.

01 상징

(1) 국호: 대한민국(大韓民國)
  ① 사용의 편의상 **한국**(韓國) 또는 **대한**(大韓)으로 줄여 쓸 수 있다.
  ② 영문 표기: Republic of Korea

(2) 국기: 태극기 〔귀화〕

① 태극기의 구성
  ㉠ **흰색 바탕**: 전통적으로 밝음과 순수, 평화를 사랑하는 민족성을 나타낸다.
  ㉡ **태극문양**: 음과 양의 조화를 상징하고, 우주만물이 상호작용에 의해 생성·발전하는 자연의 진리를 형상화하였다.

탄탄 Check

01 한국의 정식 국호는 무엇인가요?

02 한국 국기의 이름은 무엇인가요?

나만 아는 비밀노트

- 상징: 추상적인 개념을 구체적인 사물로 나타내거나 그것을 뜻하는 표지
- 만물: 세상에 있는 모든 것

쏙쏙 Answer

01 대한민국
02 태극기

탄탄 Check

01 5대 국경일을 말해 보세요.

02 애국가를 작곡한 사람은 누구인가요?

나만 아는 비밀노트

• 의례: 행사를 치르는 일정한 법식이나 정하여진 방식에 따라 치르는 행사

• 낭송: 크게 소리를 내어 글을 읽음.

• 제정: 제도나 법률 등을 만들어서 정함.

쏙쏙 Answer

01 3·1절, 제헌절, 광복절, 개천절, 한글날

02 안익태

ⓒ **4괘**: 음과 양이 서로 변화·발전하는 모습을 효(爻)의 조합으로 구체화하였다.

| 건(乾): 하늘 | 곤(坤): 땅 | 감(坎): 물 | 리(離): 불 |

② 국기 게양일

㉠ 5대 국경일: 3·1절, 제헌절, 광복절, 개천절, 한글날 〔귀화〕 〔사통〕

㉡ 국군의 날 및 정부가 따로 지정한 날

㉢ 조의를 표하는 날: 현충일, 국장기간, 국민장일

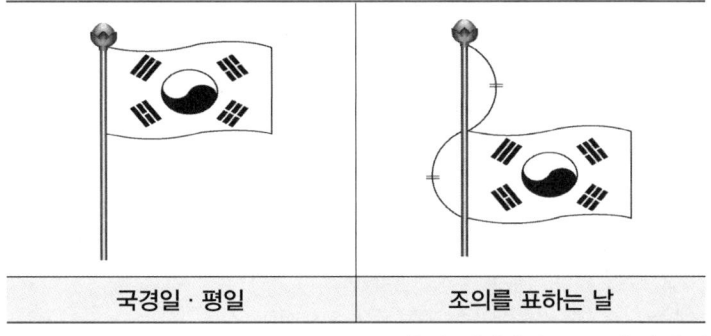

| 국경일·평일 | 조의를 표하는 날 |

출처: 행정안전부 국무총리 훈령

③ 국기에 대한 맹세

국민의례 절차에서 낭송하는 맹세문이다.

> 나는 자랑스러운 태극기 앞에 자유롭고 정의로운 대한민국의 무궁한 영광을 위하여 충성을 다할 것을 굳게 다짐합니다.

(3) 국가: 애국가 〔귀화〕

※ 휴대폰으로 QR코드를 찍어 보세요.
애국가를 들으실 수 있습니다.

출처: 행정안전부

① '나라를 사랑하는 노래'라는 뜻으로 조국에 대한 사랑을 일깨우고 다짐하기 위해 만들어졌으며, **안익태**가 작곡하였다.

② 1948년 8월 15일 대한민국 정부 수립과 함께 국가로 제정하였다.

(4) 국화: 무궁화 귀화

대한민국을 상징하는 꽃으로 '영원히 피고 또 피어서 지지 않는다.'라는 뜻을 지니고 있다.

(5) 수도: 서울 귀화
① 대한민국의 수도이자 정치·경제·문화·교통의 중심지이다.
② 서울의 대표 관광지
　㉠ 남산: 서울특별시 중구와 용산구의 경계에 있는 산으로, 전망대와 케이블카가 설치되어 있다.
　㉡ 한강: 한국 중부를 가로지르는 강으로 대한민국에서 가장 넓은 유역 면적을 가지고 있다. 공원과 체육시설 등이 있으며 유람선을 탈 수 있다.
　㉢ 경복궁: 조선을 대표하는 궁궐이다. 일제강점기에 거의 대부분의 건물들이 훼손되었다가 1990년부터 본격적으로 복원 사업이 추진되어 원래의 모습을 되찾아 가고 있다.
　㉣ 덕수궁: 원래 명칭은 경운궁이지만 1907년 고종이 머무르게 되면서 고종의 장수를 비는 의미로 덕수궁이라 하였다.
　㉤ 창덕궁: 경복궁에 이어 두 번째로 지어진 궁궐이며 1997년 **유네스코 세계유산**으로 등록되었다.

탄탄 Check

01 한국 국화의 이름은 무엇인가요?

02 한국의 수도는 어디인가요?

나만 아는 비밀노트
- 경계: 지역이 구분되는 한계
- 유역: 강물이 흐르는 언저리
- 훼손: 헐거나 깨뜨려 못 쓰게 만듦.

쏙쏙 Answer

01 무궁화
02 서울

탄탄 Check

01 대한민국 국보 제1호는 무엇인가요?

02 대한민국 보물 제1호는 무엇인가요?

03 4대문의 옛 이름은 무엇인가요?

ⓑ 숭례문(남대문)

출처: 문화재청

대한민국 국보 제1호로 조선 시대 한양도성의 정문이다. 본래 이름은 숭례문이지만 남쪽에 있어 남대문으로 불리기도 한다.

ⓢ 흥인지문(동대문)

출처: 문화재청

대한민국 보물 제1호인 흥인지문은 서울 성곽 8개의 문 가운데 동쪽에 있는 문이다. 동쪽에 위치해 동대문이라 부르기도 한다.

나만 아는 비밀노트

• 성곽: 적을 막기 위하여 흙이나 돌 따위로 높이 쌓아 만든 담이나 그런 담으로 둘러싼 구역

쏙쏙 Answer

01 숭례문(남대문)

02 흥인지문(동대문)

03 흥인지문(동대문), 돈의문(서대문), 숭례문(남대문), 숙정문(북대문)

02 한글

(1) 훈민정음 `귀화` `사통`

① '백성을 가르치는 바른 소리'라는 의미로 조선의 **세종대왕**이 백성들을 위해 창제·반포한 문자이다.

② 세종대왕은 학문 연구기관인 **집현전**을 설치하고, 훈민정음을 발명하였다.

③ **주시경**이 일제강점기에 민족 언어 보존 사업의 일환으로 **한글**이라 이름을 지었고, 한글은 한국의 문자로 사용되고 있다.

④ 훈민정음은 독창적이고 과학적인 창제 원리와 발음 방법 등으로 세계적으로 높은 평가를 받아 **유네스코 세계기록유산**으로 등재되었다.

(2) 구성

① 기본 자음(14자)

ㄱ	ㄴ	ㄷ	ㄹ	ㅁ
기역	니은	디귿	리을	미음
ㅂ	ㅅ	ㅇ	ㅈ	ㅊ
비읍	시옷	이응	지읒	치읓
ㅋ	ㅌ	ㅍ	ㅎ	
키읔	티읕	피읖	히읗	

② 기본 모음(10자)

ㅏ	ㅑ	ㅓ	ㅕ	ㅗ
아	야	어	여	오
ㅛ	ㅜ	ㅠ	ㅡ	ㅣ
요	우	유	으	이

탄탄 Check

01 세종대왕이 창제·반포한 문자는 무엇인가요?

02 훈민정음을 '한글'이라 이름 지은 사람은 누구인가요?

나만 아는 비밀노트

- 일환: 서로 밀접한 관계로 연결되어 있는 여러 것 가운데 한 부분

쏙쏙 Answer

01 훈민정음

02 주시경

탄탄 Check

01 100원짜리 동전에 새겨진 사람은 누구인가요?

02 율곡 이이는 어느 화폐에 실려 있나요?

03 화폐

(1) 단위: 원(WON)

(2) 동전

현재 1원과 5원은 사용하지 않는다.

1원	5원	10원	50원	100원	500원
무궁화	거북선	다보탑	벼 이삭	이순신 장군	학(두루미)

(3) 지폐 귀화 사통

1,000원	5,000원
퇴계 이황	율곡 이이
10,000원	50,000원
세종대왕	신사임당

쏙쏙 Answer

01 이순신 장군

02 오천 원권 지폐

04 지형과 기후

(1) 지형

① **산**: 한국은 전 국토의 약 65%가 산지이다. '동고서저' 지형으로 서쪽은 낮고 완만한 산지가 이어지고, 동쪽은 1,000m 이상의 높은 산지가 발달하였다. 이는 동서 간 문화와 기후의 차이를 낳았다. 사통

② **하천**: 한국 하천의 대부분은 서해와 남해로 흐른다. 한강과 금강 그리고 낙동강 유역을 중심으로 **평야**가 발달하였다. 사통

③ **해안**: 한국은 3면이 바다로 둘러싸인 반도 형태이다. 동쪽에 있는 동해는 해안선이 단조롭고 섬이 적다. 동해에는 **독도**가 위치해 있다. 반면에 서해와 남해는 섬이 많고 해안선이 복잡하다. 동해에 비해 수위가 낮고 조수간만의 차가 커 **갯벌**이 발달하였다.

Level Up Tip

평야
- 넓고 평평한 땅으로, 평야 지역은 넓은 들판과 하천이 있어 예로부터 사람들이 많이 모여 살았다.
- 한국의 평야는 주로 서쪽과 남쪽에 있는데 대표적인 평야로는 김포평야, 호남평야, 김해평야 등이 있다.

독도 천연보호구역 귀화
- 천연기념물 336호로 지정된 동해 최동단에 위치한 화산섬이다.
- 자연환경과 생태계가 잘 보전되고 있다.

갯벌 귀화
- 밀물 때는 물에 잠기고 썰물 때는 물 밖으로 드러나는 모래 점토질의 평탄한 땅이다.
- 갯벌에 서식하는 다양한 생물체가 바다를 정화해 주고, 홍수를 예방해 준다.

탄탄 Check

01 대한민국 최동단에 위치해 있는 화산섬은 무엇인가요?

02 서해와 남해에 있는 모래 점토질의 평탄한 땅은 무엇인가요?

나만 아는 비밀노트

- 조수간만의 차: 밀물과 썰물 때의 수위의 차이

쏙쏙 Answer

01 독도

02 갯벌

탄탄 Check

01 한국의 국경일을 3가지 이상 말해 보세요.

02 제헌절은 무엇을 기념하는 날인가요?

나만 아는 비밀노트

· 항거: 순종하지 아니하고 맞서서 반항함.

· 장려: 좋은 일에 힘쓰도록 북돋아 줌.

쏙쏙 Answer

01 3·1절, 광복절, 개천절 등

02 대한민국의 헌법 공포를 기념하는 날

(2) 기후 사통

① 한국은 사계절이 있어(봄, 여름, 가을, 겨울) 계절별로 특징이 뚜렷하다. 여름에는 온도가 높고 비가 많이 오며, 겨울에는 온도가 낮고 비가 많이 내리지 않는다. 봄과 가을은 대체로 선선한 날씨를 보인다.

② **장마**: 여름철의 일정 기간 동안 비가 지속적으로 많이 내리는 현상이나 날씨를 말한다. 보통 6월 중순에 시작되어 7월 말쯤에 끝난다.

③ **태풍**: 북태평양에서 발생하여 아시아로 불어오는 강한 폭풍우를 동반한 열대 저기압으로 여름과 초가을에 피해가 크다.

05 국경일과 기념일

(1) 국경일 귀화 사통

국가적인 경사를 기념하기 위하여 법으로 정한 경축일이다.

① **3·1절(3월 1일)**: 1919년 3월 1일, 한민족이 일본의 식민통치에 항거하고 독립선언서를 발표하여 한국의 독립 의사를 세계에 알린 것을 기념하는 날이다.

② **제헌절(7월 17일)**: 1948년 7월 17일, 대한민국의 헌법 공포를 기념하는 날이다. 2007년까지는 공휴일로 지정되어 있었으나 2008년부터 공휴일에서 제외되었다.

③ **광복절(8월 15일)**: 1945년 8월 15일, 일본의 지배에서 벗어난 것을 기념하고, 대한민국 정부 수립을 경축하는 날이다.

④ **개천절(10월 3일)**: 개천절은 단군왕검이 최초의 민족국가인 고조선을 건국한 것을 기념하는 날이다.

⑤ **한글날(10월 9일)**: 세종대왕의 한글 반포를 기념하고 한글의 연구·보급을 장려하기 위하여 정한 날이다.

(2) 기념일

정부가 어떤 특정한 날을 지정해 기념하는 날이다.

① **식목일**(4월 5일): 나무 심기 활동으로 쾌적한 생활 환경을 만들고 국민들이 나무를 아끼는 마음을 기르기 위해 제정한 날이다.

② **부처님 오신 날**(음력 4월 8일): 석가모니의 탄생을 기념하는 날로 석가탄신일, 초파일이라고도 부른다.

③ **어린이날**(5월 5일): 어린이의 인격을 존중하고 어린이의 행복을 도모하기 위해 제정한 날이다.

④ **어버이날**(5월 8일): 어버이의 은혜에 감사하고 어른과 노인을 공경하기 위해 제정한 날로, 자녀들이 부모와 조부모에게 카네이션을 달아 드린다.

⑤ **스승의 날**(5월 15일): 교원의 지위를 향상시키고 스승을 공경하기 위해 제정한 날이다.

※ 2025년도부터 세종대왕의 애민사상·자주정신·실용정신을 계승하고 발전시키기 위해 스승의 날과 함께 5월 15일을 '세종대왕 나신 날(세종대왕 탄신일)'로 지정하게 되었으니 참고 바랍니다.

⑥ **성년의 날**(5월 셋째 주 월요일): 만 19세가 되어 성인이 된 젊은이들을 축하하는 날이다. 한국에서는 성년의 날에 향수나 장미 등을 선물하기도 한다.

⑦ **현충일**(6월 6일): 나라를 위하여 목숨을 바친 애국선열과 국군 장병들의 넋을 위로하고, 그 충절을 추모하기 위하여 지정된 날이다.

⑧ **국군의 날**(10월 1일): 한국 국군의 발전을 기념하는 날이다.

⑨ **성탄절**(12월 25일): 예수 그리스도의 탄생을 축하하는 기독교의 기념일로, 크리스마스라고도 불린다.

꼭꼭 Keyword

태극기, 애국가, 수도(서울), 숭례문, 흥인지문, 훈민정음, 화폐 인물(퇴계 이황, 율곡 이이, 세종대왕, 신사임당, 이순신), 독도, 갯벌, 국경일(3·1절, 제헌절, 광복절, 개천절, 한글날)

탄탄 Check

01 나라를 위하여 목숨을 바친 국군 장병들을 기리는 날은 언제인가요?

02 5월 5일은 무슨 날인가요?

나만 아는 비밀노트

- 도모: 어떤 일을 이루기 위하여 대책과 방법을 세움.
- 충절: 충성스러운 절개

쏙쏙 Answer

01 현충일

02 어린이날

제 2 장 역사

출제포인트 역사는 시간의 흐름에 따라 사건의 내용을 알아 두는 것이 중요합니다. 또한 역사적인 인물도 반드시 출제되는 내용이니 인물의 정확한 이름과 업적을 함께 공부합시다.

탄탄 Check

01 고조선을 세운 사람은 누구인가요?

02 고조선의 법은 무엇인가요?

나만 아는 비밀노트

• 세력: 권력이나 기세의 힘

01 한반도 역사의 시작과 발전

(1) 고조선 〔귀화〕

① 기원전 2333년에 **단군왕검**이 **홍익인간**(널리 인간을 이롭게 한다)의 정신을 바탕으로 세운 한반도 최초의 국가이다.

> **Level Up Tip**
>
> **단군신화**
> 하느님(환인)의 아들인 환웅은 바람, 구름, 비를 다스리는 신하들을 거느리고 태백산에 내려와 사람들을 다스렸다. 그때 곰과 호랑이가 찾아와 사람이 되기를 원하였다. 환웅은 이들에게 마늘과 쑥을 주며 "이것을 먹으며 백 일 동안 햇빛을 보지 않으면 사람으로 변할 수 있을 것이다."라고 하였다. 호랑이는 이를 견디지 못해 포기하였으나 곰은 잘 참아 내어 여인이 되었다. 환웅은 이 여인과 혼인하여 단군왕검을 낳았다. 단군왕검은 아사달에 도읍을 정하고 나라를 세워 고조선이라 하였다. 『삼국유사』

② **고인돌**: 청동기 시대의 대표적인 무덤 양식으로 큰 세력을 지녔던 지배자나 족장의 무덤이다.

③ **8조법**: 고조선에서 백성을 다스리기 위해 만든 8가지의 법으로 현재는 8조 중 3조의 내용만이 전해진다.

> **Level Up Tip**
>
> **8조법**
> • 사람을 죽인 자는 사형에 처한다.
> • 남에게 상해를 입힌 자는 곡식으로 갚아야 한다.
> • 도둑질을 한 자는 데려다 종으로 삼는다.

쏙쏙 Answer

01 단군왕검

02 8조법

(2) 삼국 시대

① 고구려

    ㉠ **주몽**: 압록강 중류지역의 졸본에 고구려를 건국했다.

    ㉡ **소수림왕**: 불교를 수용하고, 태학을 설립하고, 율령을 반포하여 나라의 기틀을 마련하였다.

    ㉢ **광개토대왕**: 대외 정복 활동으로 만주까지 영토를 크게 넓혔다.

    ㉣ **장수왕**: 도읍을 국내성에서 평양성으로 옮기고, 남쪽으로 영토를 넓혀 백제와 신라를 위협하였다.

    ㉤ **광개토대왕릉비**: 414년에 광개토대왕의 아들 장수왕이 세운 비로 광개토대왕의 업적에 대한 내용이 새겨져 있다.

    ㉥ **살수대첩**: 을지문덕 장군이 고구려를 침략한 수나라 113만 대군을 살수(오늘날의 청천강)에서 크게 물리쳤다.

| 광개토대왕릉비 | 고구려 벽화 고분 | 연가7년명 금동여래입상 |

② 백제

    ㉠ **온조**: 한강 유역에 백제를 건국하였고, 백제는 한강 유역의 넓은 평야와 중국과의 활발한 교류로 삼국 중 가장 먼저 전성기를 맞이하였다.

    ㉡ **근초고왕**: 백제를 가장 강한 국가로 발전시킨 왕으로 마한 지역을 모두 통합하여 남해안까지 영토를 넓혔으며, 발달된 문화를 일본에 전파하여 일본의 고대문화에 영향을 주었다.

    ㉢ **계백 장군**: 백제 말기의 장군으로 황산벌 전투에서 신라 김유신 장군의 5만 대군에 맞서 용감히 싸우다 전사하였다.

탄탄 Check

01 고구려를 세운 사람은 누구인가요?

02 한국의 역사상 가장 넓은 영토를 가진 왕은 누구인가요?

03 황산벌 전투에서 나라를 위해 싸우다 전사한 장군은 누구인가요?

나만 아는 비밀노트

- 설립: 기관이나 조직체 따위를 만들어 일으킴.
- 기틀: 어떤 일의 가장 중요한 계기나 조건
- 전사: 전쟁터에서 적과 싸우다 죽음.

쏙쏙 Answer

01 주몽
02 광개토대왕
03 계백

탄탄 Check

01 진흥왕이 정비한 청소년 군사 단체로 삼국통일의 원동력이 된 이것은 무엇인가요?

02 첨성대는 무엇인가요?

정림사지 5층 석탑

미륵사지 석탑

무령왕릉

③ 신라
  ㉠ **박혁거세**: 경주를 중심으로 신라를 세웠다. 신라는 삼국 중 가장 늦게 발달하여 전성기 역시 늦게 맞이하였다.
  ㉡ **법흥왕**: 불교를 내세워 왕권을 크게 강화하여 국가의 기틀을 다졌다.
  ㉢ **진흥왕**: 신라의 전성기를 맞이한 왕으로 화랑도를 정비하고 한강 하류지역을 되찾았으며, 북한산에 진흥왕 순수비를 세웠다. 귀화
  ㉣ **화랑도**: 젊은이들을 교육하여 인재를 양성하는 청소년 군사 단체로, 삼국통일의 원동력이 되었다. 귀화
  ㉤ **김유신**: 신라의 장군으로 백제와 고구려를 나·당 연합군으로 멸망시키고 삼국통일에 최고의 공을 세웠다.

나만 아는 비밀노트
- 현존: 현재에 있음.
- 관측: 육안이나 기계로 자연 현상 특히 천체나 기상의 상태, 추이, 변화 따위를 관찰하여 측정하는 일

첨성대

분황사 모전석탑

왕릉

Level Up Tip

첨성대
신라 시대에 지어진 건물로 동양에서 현존하는 가장 오래된 천문대이다. 국보 제31호로 지정되어 있으며, 현재 경상북도 경주시에 위치해 있다.

④ 가야
  ㉠ 낙동강 유역에서 가야라는 이름을 가진 여러 개의 작은 나라가 모인 연맹국가였다. 초기에는 금관가야가, 후기에는 대가야가 세력을 잡았다.

쏙쏙 Answer

01 화랑도

02 신라 시대에 천문을 관측하던 건물

ⓒ 풍부한 철을 바탕으로 **철기문화**를 발전시켜 신라와 일본의 문화에 영향을 끼쳤다.

 **탄탄 Check**

01 대조영이 고구려를 계승하여 건국한 나라는 무엇인가요?

02 고려를 세운 사람은 누구인가요?

(3) 남북국 시대(통일신라와 발해)

① **삼국통일**: 단일 민족국가로 출발하는 계기가 되었으며, 민족 문화가 발전할 수 있는 기반을 마련하였다.

② **통일신라**: 나라의 제도를 바꾸고 불교를 중심으로 백성들의 정신을 하나로 모아 민족을 통합하고자 하였다.

| 불국사 | 석굴암 | 다보탑 |

③ **발해**: 옛 고구려의 장수인 **대조영**이 고구려를 계승하여 건국하였고, 선왕 때에는 **해동성국**(동쪽의 큰 나라)이라 불릴 정도로 세력이 강해졌으며 불교 문화도 발전하였다. 〔귀화〕

(4) 고려 시대

① **태조 왕건**: 후삼국을 통일하고 고려를 건국하여 정치·사회·문화적으로 완전한 민족의 재통합을 이루었다.

② **고려의 무역활동**: 고려는 바닷길을 이용해 여러 나라와 교류를 하였다. 그중 아라비아 상인들이 '고려'를 '**코리아**'라 발음하였는데 이것이 서양에 전해져 오늘날 한국의 영문 국가명이 되었다. 〔귀화〕

| 고려청자 | 팔만대장경 | 직지심체요절 |

 쏙쏙 Answer

01 발해

02 태조 왕건

(5) 조선 시대

① **태조 이성계**: 고려의 장군이었던 **이성계**는 요동 땅을 정벌하기 위해 파견한 군대를 **위화도**에서 되돌려 정권을 잡았다. 그 후 **한양**을 도읍(수도)으로 정하고 조선을 건국하였다.

② **경국대전**: 정치·사회·경제·문화의 기본규범을 담은 조선 최고의 법전이다.

③ **훈민정음**: 세종대왕이 백성들을 위해 창제·반포한 글자이다. 민족 고유의 문자를 가지게 되어 백성들의 생활이 편리해졌을 뿐만 아니라 민족 문화의 자주성을 높이게 되었다.

④ **장영실**: 조선 전기 세종 시대에 앙부일구와 자격루 등 놀라운 발명품을 만들어 낸 조선 최고의 과학자이다.

⑤ 과학기술의 발달 `귀화` `사통`

  ㉠ **앙부일구**(해시계): 해의 움직임에 따라 시각을 알 수 있는 기구
  ㉡ **혼천의**: 천체의 움직임을 관측하는 기구
  ㉢ **측우기**: 비가 온 양을 재는 기구
  ㉣ **자격루**(물시계): 물의 흐름을 이용하여 자동적으로 시각을 알려 주는 기구

앙부일구	혼천의	측우기

⑥ **임진왜란** `귀화` `사통`

  ㉠ 1592년 일본의 침략으로 일어난 전쟁이다.
  ㉡ **이순신 장군**: 임진왜란 때 **거북선**을 이용해 왜군을 물리쳤다. 한산도대첩, 명량대첩, 노량해전 등 여러 전투에서 큰 승리를 거두었다.

탄탄 Check

01 이성계가 조선을 세울 때 도읍으로 정한 곳은 어디인가요?

02 이순신 장군에 대해 설명해 보세요.

나만 아는 비밀노트

- 정벌: 적 또는 죄 있는 무리를 무력으로써 침.
- 파견: 일정한 임무를 주어 사람을 보냄.
- 침략: 정당한 이유 없이 남의 나라에 쳐들어감.

쏙쏙 Answer

01 한양

02 임진왜란 때 거북선을 이용해서 왜군을 물리친 장군

Level Up Tip

거북선 귀화 사통

지붕 역할을 하는 판이 갑판을 덮는 특수한 구조의 군함으로, 고려 말~조선 초 시기에 제작되었을 것으로 추정된다. 임진왜란 때 이순신 장군이 거북선을 이용하여 왜군을 크게 물리쳤다.

탄탄 Check

01 권율 장군이 행주산성에서 왜군을 물리친 전쟁은 무엇인가요?

ⓒ 권율 장군: 임진왜란 때 왜군에 맞서 싸운 장군으로 행주산성에서 큰 승리를 이끌어냈다. 권율 장군의 **행주대첩**은 조선의 3대 대첩 중 하나로 손꼽힌다.

⑦ 정약용: 조선 후기 실학을 연구한 학자이면서 정조를 도와 수원 화성을 지었다. 『경세유표』, 『흠흠신서』, 『목민심서』 등 수많은 책을 쓰기도 했다.

⑧ 흥선대원군: 국가의 자주권을 지키기 위해 척화비를 세우고 청나라를 제외한 모든 나라와의 교류와 무역을 금지하는 쇄국 정책을 펼쳤다.

⑨ **강화도조약**(1876년): 조선이 외국과 맺은 최초의 근대적 조약이며, 일본의 침략 의도가 담긴 불평등 조약이다.

⑩ 갑신정변(1884년): 개화파가 근대 국가를 수립하기 위하여 일으킨 한국 최초의 자발적 근대화 운동이다.

⑪ **동학 농민 운동**(1894년): **전봉준**을 중심으로 농민들이 일으킨 개혁 운동이며 외세를 몰아내기 위한 민족운동이다. 귀화

⑫ 갑오개혁(1894년): 근대식 학교를 설립하고 신분 차별을 없애는 등 자주독립과 근대적 제도를 지향한 개혁이다.

⑬ **을미사변**(1895년): 일본이 명성황후를 시해하였다.

⑭ **을사조약**(1905년): 일본이 조선의 외교권을 빼앗고, 강제적으로 체결한 조약이다.

나만 아는 비밀노트

- 추정: 미루어 생각하여 판정함.
- 퇴위: 임금의 자리에서 물러남.

(6) 일제강점기

① 일제강점기의 상황: 일본은 을사조약 이후 고종을 강제로 퇴위시키고 군대를 해산시켰으며, 조선의 국권을 빼앗았다.

쏙쏙 Answer

01 행주대첩

탄탄 Check

01 3·1 운동을 설명해 보세요.

02 대표적인 독립운동가를 3명 이상 말해 보세요.

03 북한이 남한을 침략하여 일어난 전쟁은 무엇인가요?

04 한국의 초대 대통령은 누구인가요?

② **3·1 운동(1919년)**: 국내외에 일제의 식민지배로부터 독립을 원한다는 뜻을 알리기 위해 전국적으로 독립 만세 운동이 일어났다. 3·1 운동은 국민에게 독립에 대한 희망을 불러일으키고 **대한민국 임시정부**를 세우는 데 큰 영향을 끼쳤다. 귀화 사통

③ 주요 인물 귀화 사통
  ㉠ **유관순**: 3·1 운동에 참여했으며 이후 만세 운동을 주도하다 일본에 체포되어 18살의 나이로 옥중에서 순국하였다.
  ㉡ **김구**: 중국 상하이에서 대한민국 임시정부를 지휘한 독립운동가로 한인애국단을 조직하여 일본을 공격하였다.
  ㉢ **윤봉길**: 중국 상하이 홍커우 공원에서 도시락 폭탄을 던져 일본군의 주요 인물을 죽인 독립운동가이다.
  ㉣ **안중근**: 만주 하얼빈역에서 이토 히로부미를 사살한 독립운동가이다.

나만 아는 비밀노트
- 순국: 나라를 위하여 목숨을 바침.
- 저항: 어떤 힘이나 조건에 굽히지 아니하고 거역하거나 버팀.

(7) 6·25 전쟁 귀화 사통

독립 후 한국(남한)과 북한은 민주주의와 공산주의로 나뉘었고, 이념의 대립이 심화되었다. 이때 소련의 지원을 받은 북한이 남침하면서 1950년 6월 25일에 6·25 전쟁이 발발하였다. 이 전쟁으로 한반도는 남과 북으로 갈라져 이산가족이 생기고, 수많은 산업시설이 파괴되었다.

(8) 역대 정부(이승만 정부~윤석열 정부)

① **이승만 정부**: 한국의 **초대 대통령**이다. 독재정권을 강화했으며, 1960년 이승만 정부의 **3·15 부정선거**로 **4·19 혁명**이 일어났다. 귀화

② **박정희 정부**: 박정희 전 대통령 중심의 군부 세력이 **5·16 군사 정변**을 일으켜 정권을 잡았다. 민주주의의 역행으로 민중들의 저항이 거세게 일어났다. 귀화

쏙쏙 Answer

01 일제강점기에 국민들이 전 세계에 독립의사를 알리기 위해 일으킨 독립 만세 운동

02 유관순, 김구, 윤봉길, 안중근 등

03 6·25 전쟁

04 이승만 전 대통령

③ **전두환 정부**: 1980년 광주에서 **5·18 민주화 운동**이 일어났으며, 1987년 4·13 호헌 조치 발표로 **6월 민주 항쟁**이 일어났다. `귀화`
④ **노태우 정부**: **서울 올림픽**이 개최되었다. 한국(남한)과 북한이 동시에 UN에 가입하였고, 남북 기본 합의서를 체결하였다. `귀화`
⑤ **김영삼 정부**: **금융실명제**를 실시했으며, OECD에 가입하였다. 역사 바로 세우기 정책을 시행하였다. 1997년에 외환위기가 발생하여 국제통화기금(IMF)에 구제 금융 요청을 하였다. `귀화`
⑥ **김대중 정부**: 대북 화해 협력 정책(햇볕정책)을 실시하였다. 김대중 전 대통령은 노벨평화상을 수상하였다.
⑦ **노무현 정부**: 참여 정부를 기반으로 서민 정치를 실행하였다.
⑧ **이명박 정부**: 경제 발전과 녹색 성장을 중심으로 한 정책을 실행하였다.
⑨ **박근혜 정부**: 신뢰받는 정부를 기반으로 한 정책을 실행하였다. 박근혜 전 대통령은 한국 헌정 역사상 최초로 탄핵되었다.
⑩ **문재인 정부**: 각 계층 간 소통과 화합을 기반으로 한 정책을 실행하였으며, 판문점 선언(2018)으로 북한과의 관계 개선을 위해 노력하였다.
⑪ **윤석열 정부**: 자유, 인권, 공정, 연대의 가치를 기반으로 한 정치를 내세웠다.

탄탄 Check
01 광주에서 일어난 민주주의 운동은 무엇인가요?
02 노벨평화상을 수상한 대통령은 누구인가요?

나만 아는 비밀노트
- 체결: 계약이나 조약 따위를 공식적으로 맺음.

꼭꼭 Keyword
단군왕검, 광개토대왕, 장수왕, 진흥왕, 화랑도, 발해, 대조영, 태조 왕건, 코리아, 이성계, 한양, 조선의 과학기술, 이순신 장군, 권율 장군, 3·1 운동, 독립운동가, 6·25 전쟁

쏙쏙 Answer
01 5·18 민주화 운동
02 김대중 전 대통령

제 3 장 정치

출제포인트 한국의 정치 이념이 무엇인지 알아보고, 국가를 운영하기 위한 기본적 구조가 어떻게 되어 있는지 공부해 봅시다. 또한 국민의 기본 권리와 의무는 무엇이 있는지 알아 둡시다.

탄탄 Check

01 민주주의는 무엇인가요?

02 민주국가에서 국가의 권력을 입법·행정·사법으로 나누는 것은 무엇인가요?

나만 아는 비밀노트

- 남용: 권리나 권한 따위를 본래의 목적이나 범위를 벗어나 함부로 행사함.
- 시행: 법령을 공포한 뒤에 그 효력을 실제로 발생시키는 일

01 민주정치

(1) 민주주의 귀화
국가의 주권은 국민에게 있으며 국민을 위한 정치가 이루어지는 정치 이념이다.

(2) 민주정치의 원리
① 국가의 주인은 국민이다.
② 법에 따라 나라를 다스린다.
③ 국가 권력을 나누어 가진다.

(3) 삼권분립 귀화
① 민주국가에서 국가의 권력을 입법·사법·행정의 3가지로 나누어 권력의 집중과 남용을 방지하기 위한 제도이다.
② **입법부**(국회): 법을 제정한다.
③ **사법부**(법원): 법에 따른 심판을 한다.
④ **행정부**(정부): 정책을 결정하고 시행한다.

(4) 민주적 절차에 따른 문제 해결
문제의 발생 → 다양한 의견 제시 → 대화와 타협 → 결정 및 실천

쏙쏙 Answer

01 국가의 주권은 국민에게 있으며 국민을 위한 정치가 이루어지는 제도

02 삼권분립

(5) 다수결의 원칙 귀화

어떤 문제를 해결할 때 다수의 의견을 따르는 방식을 말한다. 단, 충분한 대화와 토론이 이루어져야 하며 소수의 의견도 참고해서 결정하고 일을 진행해야 한다.

(6) 민주 선거의 4대 원칙 귀화

① **보통 선거**: 자격 요건의 제한 없이 일정한 나이가 된 국민 모두가 선거에 참여할 수 있다.
② **직접 선거**: 선거권을 가진 국민이 원하는 입후보자 또는 정당에 직접 투표하며 다른 사람이 대신할 수 없다.
③ **평등 선거**: 모든 유권자의 선거권의 효과가 평등해야 하고, 한 사람이 한 표씩 행사해야 한다.
④ **비밀 선거**: 누가 누구에게 투표했는지 외부에서 알지 못하도록 비밀이 보장될 권리가 있다.

02 입법부

(1) 국회 귀화

국민의 대표인 국회의원으로 구성된 입법기관이다. 국민의 의견을 받들어 법률을 제정하며 행정부와 사법부를 감시하는 등 여러 가지 국가의 중요 사항을 의결하는 권한을 가진다.

(2) 국회의사당

의회정치체제에서 국회의원들이 입법 활동을 비롯한 제반 의회 기능을 수행하기 위해서 함께 모여 회의를 여는 장소이다.

(3) 국회의원 사통

국민의 선거로 선출된 국민의 대표이다. 임기는 4년으로 연임이 가능하다.

 탄탄 Check

01 다수결의 원칙은 무엇인가요?

02 민주 선거의 4대 원칙을 말해 보세요.

03 국민의 대표인 국회의원으로 구성된 입법기관은 무엇인가요?

나만 아는 비밀노트

- 보장: 어떤 일이 어려움 없이 이루어지도록 조건을 마련하여 보증하거나 보호함.
- 제반: 어떤 것과 관련된 모든 것

 쏙쏙 Answer

01 어떤 문제를 해결할 때 다수의 의견으로 결정하는 방식

02 보통 선거, 직접 선거, 평등 선거, 비밀 선거

03 국회

탄탄 Check

01 법원에 대해 설명해 보세요.

02 국가의 기본질서와 기본조직을 정하는 국가의 최고 법은 무엇인가요?

03 사법부

(1) 법원 귀화

법을 집행하는 기관으로 소송사건에 대하여 법률적 판단을 하는 권한이 있으며, 대법원·고등법원·지방법원·가정법원 등이 있다.

(2) 헌법 귀화

국가의 기본질서와 국민의 자유와 권리 및 국가의 기본조직을 정하는 국가의 최고규범이다.

> 제1조 제1항 대한민국은 민주공화국이다.
> 제2항 대한민국의 주권은 국민에게 있고, 모든 권력은 국민으로부터 나온다.

나만 아는 비밀노트

• 규범: 인간이 행동하거나 판단할 때에 마땅히 따르고 지켜야 할 가치 판단의 기준

(3) 법원의 종류

① **대법원**: 국가 최고의 법원으로 3심 재판을 담당한다. 귀화
② **고등법원**: 서울, 대전, 대구, 부산, 광주, 수원 6개의 주요 도시에 있으며 2심 재판을 담당한다.
③ **지방법원**: 특별시, 광역시, 도청 소재지에 있으며 1심 재판을 담당한다.
④ **가정법원**: 가정과 소년에 관한 사건 등을 담당한다.
⑤ **헌법재판소**: 법률이나 제도가 헌법에 맞는지 판정한다. 귀화

(4) 3심 제도 귀화

공정한 재판을 위하여 한 사건에 대해 세 번 심판을 받을 수 있는 심급 제도이다. 1심은 지방법원, 2심은 고등법원, 3심은 대법원에서 열린다.

쏙쏙 Answer

01 법을 집행하고, 법률적 판단을 하는 기관

02 헌법

04 행정부

(1) 정부
삼권분립에 의하여 행정을 맡아보는 곳으로, 대통령과 정부 각 부처로 구성된다.

(2) 행정부에서 하는 일
① 국회에서 정한 법률에 따라 나라의 살림살이를 한다.
② 나라의 독립을 지키고 국민의 생명과 재산을 보호한다.
③ 살기 좋은 민주사회를 만들기 위해 노력한다.

(3) 대통령
① 국가를 대표하고 행정부에서 최고의 권한을 가진다.
② 국민의 직접선거로 선출하며, 임기는 5년이고 중임할 수 없다. `사통`

③ 청와대: 대통령이 머물며 집무를 보는 기관이다.
   ※ 예전에는 청와대에서 대통령이 집무를 보았으나 현재 대통령 집무실은 서울시 용산구에 있습니다. 2022년 5월 10일부로 청와대가 국민들에게 개방이 되면서 많은 사람의 발걸음이 이어지고 있습니다.

④ 역대 대통령 `귀화`
   이승만(1~3대) → 윤보선(4대) → 박정희(5~9대) → 최규하(10대) → 전두환(11~12대) → 노태우(13대) → 김영삼(14대) → 김대중(15대) → 노무현(16대) → 이명박(17대) → 박근혜(18대) → 문재인(19대) → 윤석열(20대)

(4) 주요 행정 각부
① **교육부**: 국가 교육에 관한 정책 수립, 학교 교육 및 인적자원에 관한 사무
② **통일부**: 남북간 대화, 교류, 협력에 관한 사무
③ **외교부**: 외교, 조약, 국제협정, 이민에 관한 사무

탄탄 Check

01 대통령의 임기는 몇 년인가요?

02 역대 대통령을 아는 대로 말해 보세요.

나만 아는 비밀노트
- 권한: 어떤 사람이나 기관의 권리나 권력이 미치는 범위

쏙쏙 Answer

01 5년

02 이승만 전 대통령, 김대중 전 대통령, 문재인 전 대통령 등

탄탄 Check

01 지방의 행정업무를 지방기관에서 자체적으로 처리하는 제도는 무엇인가요?

02 한국의 광역시를 말해 보세요.

④ **법무부**: 검찰업무, 인권보호, 출입국 관리에 관한 사무

⑤ **보건복지부**: 보건의료, 건강정책, 보건사업, 저출산(저출생)·고령화, 사회복지, 장애인 관련 사무

⑥ **고용노동부**: 노사관계, 근로기준, 산업안전보건, 고용정책 등에 관한 사무

⑦ **여성가족부**: 여성·아동·청소년에 대한 폭력피해 예방 및 보호, 가족정책의 수립 및 조정, 지원 사무

(5) 지방자치제도 귀화

지방의 행정업무를 주민자치와 단체자치를 통해 지방기관에서 처리하게 하는 제도이다. 광역단체(특별시/광역시/도)와 기초단체(시/군/자치구)가 설립되어 있다.

※ 「지방자치법」이 전면 개정되어 2022년 1월부터 시행됨에 따라, 기초자치단체인 시(市) 중에서 인구 100만 명이 넘는 대도시에 '특례시'라는 행정적 명칭이 부여되었습니다. 이는 별도의 법적 지위가 아닌 행정적 명칭임을 참고 바랍니다.

나만 아는 비밀노트

• 조정: 어떤 기준이나 실정에 맞게 정돈함.

(6) 행정 구역

행정기관의 권한이 미치는 일정한 범위의 구역을 말한다.

① **특별시**: 서울특별시(1개)

② **특별자치시**: 세종특별자치시(1개)

③ **광역시**: 부산광역시, 인천광역시, 대구광역시, 대전광역시, 광주광역시, 울산광역시(6개) 귀화

④ **도**: 경기도, 충청북도, 충청남도, 전라남도, 경상북도, 경상남도(6개)

⑤ **특별자치도**: 제주특별자치도, 강원특별자치도, 전북특별자치도(3개)

쏙쏙 Answer

01 지방자치제도

02 부산광역시, 대구광역시, 인천광역시, 광주광역시, 대전광역시, 울산광역시

05 국민의 권리와 의무

(1) 국민의 기본 권리(기본권)

① **인간의 존엄성**: 인간이라는 이유만으로 누구나 존재 가치가 있으며 인격을 존중받을 권리가 있다.

② **인간의 기본권** `귀화`
- ㉠ **자유권**: 국가에 의해 개인의 자유를 침해당하지 않을 권리
- ㉡ **평등권**: 성별, 종교, 직업 등에 의해 차별받지 않을 권리
- ㉢ **사회권**: 국민이 인간다운 생활을 위해 사회적 보장책을 국가에 요구할 수 있는 권리
- ㉣ **청구권**: 모든 국민이 국가에 대하여 일정한 청구를 할 수 있는 권리
- ㉤ **참정권**: 국민이 정치에 참여할 수 있는 권리

(2) 국민의 기본 의무

① **국민의 4대 의무** `귀화` `사통`
- ㉠ **국방의 의무**: 국민으로서 나라를 지킬 의무
- ㉡ **납세의 의무**: 모든 국민이 법에 따라 국가에 세금을 낼 의무
- ㉢ **교육의 의무**: 모든 국민이 법으로 정해진 기간 동안 교육을 받을 의무
- ㉣ **근로의 의무**: 모든 국민이 나라의 발전을 위해 일을 해야 할 의무

② **환경 보전의 의무**: 깨끗한 환경을 위해 노력할 의무

③ **재산권 행사 공공복리 적합의 의무**: 국민의 재산권 행사가 공공복리에 적합해야 할 의무

 탄탄 Check

01 성별, 종교, 직업 등에 의해 차별받지 않을 권리는 무엇인가요?

02 국방의 의무는 무엇인가요?

03 모든 국민이 법으로 정해진 기간 동안 교육을 받을 의무는 무엇인가요?

나만 아는 비밀노트

- 존엄: 인물이나 지위 따위가 감히 범할 수 없을 정도로 높고 엄숙함.
- 침해: 침범하여 해를 끼침.
- 공공복리: 사회 구성원 전체에 두루 관계되는 복지

 쏙쏙 Answer

01 평등권

02 국민으로서 나라를 지킬 의무

03 교육의 의무

(3) 권리 보호 기관

① **국가인권위원회**: 개인의 인권을 보호하는 기관이며, 부당한 차별을 당하는 등 인권 침해를 당한 경우 도움을 받을 수 있고, 한국 생활 중 겪은 불이익이나 불편에 대한 상담도 받을 수 있다.

② **국민권익위원회**: 국민의 권익 보호와 구제를 위한 기관이며, 국가 기관의 잘못으로 피해를 입었을 경우 구제를 요청하고 도움을 받을 수 있다.

③ **한국소비자원**: 소비자의 권리와 이익을 보호하기 위한 기관이며, 물건을 구매하거나 서비스를 이용하는 과정에서 불편을 겪은 경우 도움을 받을 수 있다.

꼭꼭 Keyword

민주주의, 삼권분립, 다수결의 원칙, 민주선거의 4대 원칙, 국회, 법원, 헌법, 3심 제도, 역대 대통령, 지방자치제도, 행정 구역, 인간의 기본권, 국민의 4대 의무, 권리 보호 기관

제 4 장 제도와 생활

출제포인트 제도와 생활은 면접에서 빠지지 않는 주제입니다. 따라서 교통, 금융, 교육 등 한국의 기본적인 생활 제도를 알아 두고, 이와 함께 한국에서 꼭 지켜야 할 기본예절과 환경 보호를 위한 생활 습관도 공부합시다.

01 제도

(1) 증명서

① **주민등록증**: 한국 국민으로서 국내에 주소를 두고 거주하는 주민임을 증명하는 증명서이다.

② **운전면허증**: 도로에서 자동차나 특수장비를 운전할 수 있다는 것을 증명하는 증명서이다.

> **Level Up Tip**
> **운전면허의 종류**
> • 1종 운전면허: 1종 대형, 1종 보통, 1종 소형, 1종 특수면허
> • 2종 운전면허: 2종 보통, 2종 소형, 2종 원동기장치자전거면허
> • 연습운전면허: 도로주행연습을 위해 발급

③ **외국인등록증**: 외국인이 국내에 90일을 초과하여 장기간 머무르고자 할 때 신분을 보장하기 위해 국가에서 발급하는 신분 증명서이다.

(2) 교통

① 고속도로
  ㉠ 자동차가 고속으로 주행할 수 있는 도로이다.
  ㉡ 첫 번째 고속도로: **경인고속도로**(1968)
  ㉢ 가장 긴 고속도로: **경부고속도로**(1970)

탄탄 Check

01 한국 국민으로서 국내에 거주하는 주민임을 증명하는 증명서는 무엇인가요?

02 한국에서 가장 긴 고속도로는 무엇인가요?

나만 아는 비밀노트
• 거주: 일정한 곳에 머물러 삶.
• 발급: 증명서 따위를 발행하여 줌.

쏙쏙 Answer
01 주민등록증
02 경부고속도로

탄탄 Check

01 인천 영종도에 있는 국제공항은 어디인가요?

02 한국의 대중교통을 이용할 때 요금을 지불할 수 있는 카드는 무엇인가요?

03 세금을 징수하는 국가기관은 어디인가요?

나만 아는 비밀노트

- 운임: 운반이나 운수 따위의 보수로 받거나 주는 돈
- 징수: 행정기관이 법에 따라서 조세, 수수료, 벌금 따위를 국민에게서 거두어들이는 일

쏙쏙 Answer

01 인천국제공항
02 교통카드
03 국세청

② 철도
   ㉠ 철로 위로 기관차와 차량을 운행하여 여객·화물 등을 수송하는 시설이다.
   ㉡ **고속철도**: KTX, SRT
   ㉢ 첫 번째 철도: **경인선**(1899)
   ㉣ 가장 긴 철도: **경부선**(1904)

③ 항공
   ㉠ **인천국제공항**: 인천 영종도에 있는 국제공항으로 대부분의 국제선이 운항되고 있다.
   ㉡ **김포국제공항**: 설립 당시에는 국제공항이었으나 인천국제공항의 개항 이후 국내선과 일부 국제선(하네다, 간사이, 홍차오 등)이 운항된다.
   ㉢ 주요 국제항공사: 대한항공, 아시아나항공

④ **지하철**: 땅속에 굴을 만들어 지하에서 철도를 운행하는 시설이다. 현재 서울에는 총 9개(1~9호선)의 노선이 운행 중이다. 서울 이외에도 경기, 인천, 부산, 대구, 대전, 광주에서 지하철을 운행하고 있다.

⑤ **교통카드**: 지하철과 버스 등 대중교통의 운임을 지불할 때 사용하는 카드이다. 충전식 선불 교통카드(티머니·캐시비 등)와 후불 교통카드(신용·체크카드)가 있다. 그리고 수도권 지하철역에서는 1회용 교통카드의 발급도 가능하다. 귀화

(3) 세금

① 세금: 국가나 지방자치단체가 나라의 살림을 위해 국민들로부터 거둬들이는 돈이다.

② **국세청** 귀화
   ㉠ 기획재정부 소속으로서 지방세와 관세를 제외한 국가 세금을 징수하는 기관이다.
   ㉡ 모든 납세자가 세법 규정에 따라 납세의 의무를 성실히 이행할 수 있도록 돕고, 관리·감독의 역할을 수행한다.

③ 세금의 종류
  ㉠ 직접세: **소득세** 귀화
    개인의 소득에 부과되는 세금이다. 누진세율을 적용하여 소득량에 따라 세율이 달라진다.
  ㉡ 간접세: 인지세, 부가가치세, 개별소비세, 관세 등
④ 세금의 기능
  ㉠ 부의 재분배: 소득이 많은 사람에게는 많은 세금을, 소득이 적은 사람에게는 적은 세금을 부과하여 소득 격차를 줄이는 기능을 한다.
  ㉡ 경제의 활성화: 경제가 침체되어 있을 때는 세금을 감면하여 소비를 늘게 하거나, 세금으로 국가 사업을 시작하여 일자리를 창출하고 경기가 활성화되도록 한다.
  ㉢ 상품 가격 조정: 부동산이나 사치품 등에 세율을 높게 부과하여 부동산 투기나 과한 사치품 소비를 막도록 한다.

(4) 교육
① **의무교육기간**: **9년**(초등학교 6년, 중학교 3년) 귀화 사통
② **교육청**: 국가행정사무 중 교육·학예에 대한 사무를 위임받아 집행하는 지방교육행정기관이다. 귀화
③ 교육기관
  ㉠ 어린이집: 0세부터 만 5세까지의 취학 전 아동을 보호자의 위탁을 받아 보호하는 시설이다. 보건복지부 관할의 교육기관이다.
  ㉡ 유치원: 만 3세부터 초등학교 입학 전(만 5세)의 유아를 대상으로 교육하는 교육부 관할의 교육기관이다.
  ㉢ 초등학교: 아동들에게 기본적인 교육을 실시하기 위한 학교로, 만 6세의 어린이를 입학시켜서 6년 동안 의무적으로 교육한다.
  ㉣ 중학교: 초등교육 과정을 수료한 사람에게 의무적으로 3년의 중등교육을 실시하는 학교이다.

 탄탄 Check

01 개인의 소득에 부과되는 세금은 무엇인가요?
02 한국의 의무교육기간은 몇 년인가요?

나만 아는 비밀노트
- 부과: 세금이나 부담금 따위를 매기어 부담하게 함.
- 감면: 매겨야 할 부담 따위를 덜어 주거나 면제함.
- 수료: 일정한 학과를 다 배워 끝냄.

 쏙쏙 Answer

01 소득세
02 9년(초등학교 6년, 중학교 3년)

탄탄 Check

01 금융실명제는 무엇인가요?

02 금융기관에 문제가 생겼을 때 예금보험공사가 개인의 자산을 일정 한도 내에서 보호해 주는 제도는 무엇인가요?

ⓐ 고등학교: 중학교를 졸업한 사람에게 고등보통교육 또는 특정한 목적에 맞는 교육을 하는 학교이다. 일반 고등학교, 특수목적 고등학교, 특성화 고등학교, 자율형 고등학교 등으로 나뉘며 3년간 무상교육이 이루어진다.

ⓑ 대학교: 고등교육기관이면서 전문교육기관으로 교육을 이수한 자에게 학위를 준다.

④ 대학수학능력시험(수능): 수능·대수능·수능 시험이라고도 하며 1년에 1번, 매년 11월에 시험이 있다. 대학 입학을 위해 치르는 가장 중요한 시험으로, 고등학교 졸업 예정자나 고등학교 졸업 학력을 인정받아야 응시할 수 있다.

(5) 금융

① **한국은행**: 한국의 중앙은행이자 화폐 발권은행이다.

② **금융실명제**: 한국의 모든 금융 거래는 거래 당사자의 실명으로 하도록 한 제도이다. 귀화

③ **금융감독원**: 은행이나 증권사, 보험사 등 금융기관에 대한 감사와 감독 업무를 수행하는 감독기관이다. 귀화

④ **예금**: 은행이나 우체국 등에 돈을 맡기는 것을 말한다. 귀화

⑤ **예금의 종류**

ⓐ **정기예금**: 일정한 기간이 지나기 전에는 돈을 찾을 수 없는 예금이다. 다른 예금에 비해 이자율이 높다. 귀화

ⓑ 정기적금: 일정한 금액을 정기적으로 입금하고 만기일에 원금과 이자를 한꺼번에 받는 예금이다.

ⓒ **보통예금**: 입출금을 자유롭게 할 수 있는 예금이다. 이자율이 낮다. 귀화

⑥ **예금자보호제도**: 금융기관의 파산이나 부도 등으로 고객이 금융자산을 돌려받지 못할 경우 예금보험공사가 예금의 일부 또는 전액을 대신 돌려주는 제도이다. 원금과 이자를 합쳐 금융기관별로 1인당 최대 5천만 원까지 보호받을 수 있다. 귀화

나만 아는 비밀노트

• 이수: 해당 학과를 순서대로 공부하여 마침.

쏙쏙 Answer

01 금융 거래를 할 때 본인의 실명으로 하도록 한 제도

02 예금자보호제도

⑦ **보이스피싱**: 금융기관 등으로 사칭한 전화로 개인정보를 알아내어 송금을 요구하는 금융 사기이다. 귀화

(6) 복지

① **4대 사회보험** 귀화

　㉠ **건강보험**: 의료비의 일부를 지원받을 수 있는 제도이다.

　㉡ **고용보험**: 회사에서 해고되었을 때, 일정 기간 지원받을 수 있는 제도이다.

　㉢ **국민연금**: 은퇴 후 소득이 끊겼을 때, 일정 금액의 생활비를 지급받는 제도이다.

　㉣ **산업재해보상보험**: 직장에서 일하다가 사고를 당했을 때 보상을 받을 수 있는 제도로 '산재보험'이라고 부르기도 한다.

② **국민행복카드**: 건강보험에 가입한 임산부에게 임신, 출산, 양육에 필요한 비용을 지원하고 취학 전 아동에 대해 유아 학비와 보육비를 지원해 주는 복지제도이다. 국가가 지원하는 다양한 정부보조금을 지원받을 수 있다.

※ 기존에는 '아이행복카드'와 '국민행복카드'로 나뉘어 운영되었으나 2021년 4월부터 '국민행복카드'로 통합되어 운영되고 있으므로 참고하여 주시기 바랍니다.

02 생활 속 기본예절

(1) 기본예절 귀화 사통

① 쓰레기를 함부로 버리지 않는다.
② 이웃 어른을 만나면 "안녕하세요."라고 공손하게 인사한다.
③ 공공장소에서 통화는 작은 소리로 하고, 휴대폰은 진동으로 바꾼다.
④ 박물관, 영화관 등에서는 사진을 찍지 않아야 하며 큰 소리로 떠들지 않는다.

탄탄 Check

01 금융기관 등을 사칭한 전화로 개인정보를 알아내거나 송금을 요구하는 금융 사기는 무엇인가요?

02 4대 사회보험에는 무엇이 있는지 말해 보세요.

나만 아는 비밀노트

• 사칭: 이름, 직업, 나이, 주소 따위를 거짓으로 속여 말함.

• 재해: 지진, 태풍, 홍수, 가뭄, 해일, 화재, 전염병 따위에 의하여 받게 되는 피해

 쏙쏙 Answer

01 보이스피싱
02 건강보험, 고용보험, 국민연금, 산업재해보상보험(산재보험)

탄탄 Check

01 한국의 기본예절에는 무엇이 있는지 말해 보세요.

02 화재가 났거나 구조 요청을 보내야 할 때는 어디로 전화를 해야 하나요?

⑤ 버스나 전철을 이용할 때 줄을 서서 기다려야 하며 무리하게 승차하지 않는다.
⑥ 대중교통을 이용할 때 노인이나 장애인, 임산부 등 교통약자에게 자리를 양보한다.
⑦ 공공시설은 모두를 위한 것이므로 깨끗하게 이용한다.
⑧ 자동차를 운전할 때 안전벨트를 착용하고, 음주운전을 해서는 안 된다.
⑨ 담배는 흡연구역에서 피워야 한다.
⑩ 반려견을 데리고 외출할 때는 반드시 목줄을 하고, 배설물을 잘 치워야 한다.
⑪ 온라인에서도 서로 예의를 지켜서 말해야 한다.

(2) 환경 보호를 위해 해야 할 행동

① 일회용품의 사용을 줄이고, 재활용이 가능한 쓰레기는 분리수거한다.
② 가까운 거리는 걸어서 다니고, 자가용보다는 대중교통을 이용해야 한다.
③ 세제나 샴푸 등의 사용을 줄인다.
④ 산이나 강에서 음식을 만들어 먹거나 쓰레기를 버리면 안 된다.

03 일반상식

(1) 긴급 신고 전화번호 귀화

① 112: 범죄 신고
② 111, 113: 간첩 신고
③ 119: 화재·구급·구조 신고
④ 1339: 감염병 신고 및 질병 정보 제공
⑤ 118: 사이버 테러

쑥쑥 Answer

01 쓰레기는 쓰레기통에 버리기, 공공장소에서 크게 떠들지 않기, 대중교통을 이용할 때는 줄을 서고, 교통약자에게 자리를 양보하기 등

02 119

(2) 올림픽 및 월드컵 귀화

① **서울 올림픽**: 1988년 서울에서 개최된 제24회 하계 올림픽 대회

② **한·일 월드컵**: 2002년에 한국과 일본에서 공동 개최된 축구 대회

③ **평창 동계올림픽**: 2018년에 강원도 평창에서 개최된 제23회 동계 올림픽 대회

탄탄 Check

01 1988년에 서울에서 개최된 올림픽은 무엇인가요?

꼭꼭 Keyword

경부고속도로, 교통카드, 국세청, 소득세, 의무교육기간, 교육청, 금융실명제, 정기예금, 보통예금, 예금자보호제도, 보이스피싱, 4대 사회보험, 국민행복카드, 기본예절, 서울 올림픽

쏙쏙 Answer

01 서울 올림픽

제 5 장 전통 문화

출제포인트 한국의 주요 명절과 각 명절마다 먹는 음식과 풍속에 대해 알아봅시다. 또한 전통 음식과 전통 의상, 전통 가옥의 특징도 함께 공부해 봅시다.

탄탄 Check

01 설날에 먹는 음식은 무엇인가요?

02 음력 1월 15일로 부럼 깨물기 등의 풍습이 있는 명절은 무엇인가요?

01 명절과 세시풍속

(1) 설날 귀화

① 음력 1월 1일로 한 해를 시작하는 첫날을 말한다. 가족이 모여 **차례**를 지내고 함께 **떡국**을 먹는다.
② **떡국**: 흰 가래떡을 얇게 썰어 넣고 끓인 국이다. 떡국을 먹으면 나이를 한 살 더 먹는다는 의미가 있다.
③ **설빔**: 설을 맞이하여 새로 장만하는 옷이나 신발을 말한다.
④ **세배**: 새해를 맞아 웃어른께 드리는 문안인사이다.
⑤ **놀이**: 윷놀이, 제기차기, 연날리기 등이 있다.

나만 아는 비밀노트

• 장만: 필요한 것을 사거나 만들거나 하여 갖춤.
• 문안: 웃어른께 안부를 여쭘.

(2) 정월 대보름 귀화 사통

① 음력 1월 15일로 가장 큰 보름이라는 뜻이다. 약밥, 오곡밥, 묵은 나물 등을 먹는다.
② **부럼 깨기**: 대보름날 이른 아침에 날밤, 땅콩, 호두 등 부럼을 깨면 1년 동안 부스럼이 나지 않고 치아가 튼튼해져서 건강한 한 해를 보낼 수 있다고 여겼다.
③ **달맞이**: 보름달을 보고 소원을 빌거나 농사일을 점치는 풍속이다.

쏙쏙 Answer

01 떡국
02 정월 대보름

(3) 단오

① 음력 5월 5일로 수릿날이라고도 한다. 수리취떡과 쑥떡, 망개떡 등을 먹는다.

② **창포물에 머리감기**: 단옷날에 창포 삶은 물에 머리를 감으면 머리카락에 윤기가 흐르고 빠지지 않는다고 하였다.

③ **놀이**: 그네뛰기, 씨름, 탈춤, 사자춤, 가면극 등이 있다.

(4) 추석 귀화

① 음력 8월 15일로 **한가위**라고도 한다. 한 해 농사가 잘 됐음을 감사하며 조상에게 차례를 지내고, 햅쌀과 햇곡식으로 지은 **송편**을 먹는다.

② **송편**: 멥쌀가루를 반죽하여 소(깨, 팥, 콩 등)를 넣고 반달모양으로 빚은 떡이다.

③ **성묘·벌초**: 조상의 산소에 가서 인사를 드리며 산소를 살피고, 주위에 자란 잡초를 베어 깨끗하게 정리하는 일이다.

④ **놀이**: 강강술래, 줄다리기, 씨름 등이 있다.

(5) 동지 사통

일 년 중에서 밤이 가장 길고 낮이 가장 짧은 날이다. 팥의 붉은 색이 사나운 운수를 막고 잡귀를 쫓아준다고 믿어서 **팥죽**을 끓여 먹는다.

(6) 한식

동지로부터 105일째 되는 날로, 불을 쓰지 않고 미리 장만해 놓은 찬 음식을 먹는다. 대표적으로 쑥떡, 진달래 화전, 오미자 등을 먹는다. 또한 여러 가지 술과 과일을 마련하여 차례를 지내고 성묘를 한다.

탄탄 Check

01 음력 8월 15일로 한가위라고도 하는 명절은 무엇인가요?

02 동지에는 무엇을 먹나요?

쏙쏙 Answer

01 추석
02 팥죽

탄탄 Check

01 겨울에 먹을 많은 양의 김치를 한꺼번에 담그는 것은 무엇인가요?

02 멸치 육수에 삶은 소면을 넣고 계란 지단, 호박무침 등을 올려 먹는 음식은 무엇인가요?

02 전통 음식

(1) 김치 귀화

① 배추·무 등 채소를 소금에 절여 각종 양념과 젓갈을 넣고 버무려 일정 기간 발효시킨 한국 고유의 음식이다.

② **김장**: 겨울에 먹을 많은 양의 김치를 한꺼번에 담그는 것이다. 김치를 담그고 나누는 김장 문화는 2013년 **유네스코 무형문화유산**으로 지정되었다.

(2) 불고기

쇠고기 등을 저며서 양념에 재었다가 불에 구워 먹는 전통 음식으로 옛날에는 고기를 넓게 저몄다는 뜻의 '너비아니'라고도 했다.

(3) 잔치국수

멸치육수에 삶은 소면을 넣고 계란 지단, 호박무침 등을 올려 먹는 국수이다. 국수는 장수의 뜻을 담고 있다.

(4) 메주

① 콩을 삶아서 찧은 다음 덩이를 지어서 띄워 말린 것으로 간장·된장·고추장 등을 담그는 원료로 쓴다.

② **장 담그기**: 한국 음식의 기본양념인 장(간장, 된장, 고추장 등)을 만들고, 나누어 먹는 문화가 세대 간에 전승되어 온 장 담그기 문화는 2024년 **유네스코 무형문화유산**으로 지정되었다.

(5) 저장·발효식품

① **장아찌**: 겨울이 오기 전에 여러 가지 채소를 간장·된장·고추장에 넣어 삭힌 것으로 신선한 채소가 없었던 겨울의 중요한 먹을거리였다.

나만 아는 비밀노트

• 발효: 미생물이 자신이 가지고 있는 효소로 유기물을 분해시키는 과정. 술, 된장, 간장, 치즈 따위를 만드는 데에 씀.

• 장수: 오래도록 삶.

쏙쏙 Answer

01 김장
02 잔치국수

② **젓갈류**: 교통이 발달하지 않았던 옛날에 운반 도중 생선이 상하는 것을 막기 위해 생선의 살·알·창자 등을 소금에 짜게 절여 맛을 들인 것이다.

03 전통 의복

(1) 한복의 특징 사통

한국 고유의 전통 의상으로 직선과 약간의 곡선이 조화를 이룬다. 여자 한복은 짧은 저고리와 넉넉한 치마가 어울려 옷차림이 단정하고 아담하다. 남자 한복은 저고리와 바지를 기본으로 하고, 겉옷으로는 조끼나 마고자, 두루마기를 입는다.

(2) 여름철 한복 사통

바람이 잘 통하도록 몸과 옷 사이를 헐렁하게 하여 입었고, 바람이 잘 통하는 삼베와 모시를 옷감으로 사용하였다.

(3) 겨울철 한복 사통

두 겹의 옷감 사이에 솜을 얇게 넣어 누빈 옷을 입었고, 바람이 들어오지 않는 무명이나 비단을 옷감으로 사용하였다.

> **Level Up Tip**
>
> **연지곤지** 귀화 사통
> - 연지: 볼과 입술에 붉게 칠하는 전통 화장품이다.
> - 곤지: 전통 혼례에서 신부가 단장할 때 이마 가운데 연지로 찍는 붉은 점이다.
>
> **댕기**
> - 길게 땋은 머리의 끝을 장식하기 위하여 사용한 끈이나 헝겊이다.
> - 처녀들은 빨간색을, 총각들은 검은색을 사용했다.

탄탄 Check

01 한국 고유의 전통 의상은 무엇인가요?

02 볼과 입술에 붉게 칠하는 전통 화장품은 무엇인가요?

쏙쏙 Answer

01 한복
02 연지

04 전통 가옥

(1) 한옥의 특징 사통
한국의 전통 건축 양식으로 지은 집으로 난방을 위한 온돌과 냉방을 위한 대청마루가 균형 있게 결합된 구조를 갖추고 있다.

(2) 온돌 사통
한국의 독특한 난방법으로 방바닥 밑에 구들이라는 넓고 편평한 돌들을 놓아 아궁이에서 불을 지필 때 생기는 열기가 구들로 옮겨가서 방 안을 따뜻하게 하는 장치이다. 열의 효율이 좋으며, 만들기 쉽고 고장이 별로 없다.

(3) 대청마루 사통
여름철의 무더운 날씨에 대비하여 방과 방 사이에 만든 것으로, 바닥이 땅과 떨어져 있어 바람이 잘 통하고 나무로 만들어져서 시원하다. 방과 방 사이를 연결하는 통로 역할을 한다.

(4) 지붕 사통
① 초가지붕: 볏짚이나 풀 등을 재료로 한 지붕이다. 대체로 서민들이 살던 집의 지붕으로 많이 쓰였다. 초가지붕을 올린 집을 '초가집'이라 한다.
② 기와지붕: 흙으로 만든 기와를 재료로 한 지붕이다. 대체로 높은 권력을 가졌거나 부유한 계층이 살던 집의 지붕으로 많이 쓰였다. 기와지붕을 올린 집을 '기와집'이라 한다.

| 초가집 | 기와집 |

탄탄 Check
01 한국의 독특한 난방법으로 아궁이에서 생긴 열기로 방바닥을 따뜻하게 데우는 난방장치는 무엇인가요?
02 대체로 서민들이 살던 집의 지붕은 무엇인가요?

나만 아는 비밀노트
• 부유하다: 재물을 풍부하게 가지고 있다.

쏙쏙 Answer
01 온돌
02 초가지붕

05 그 외 전통 문화

(1) 농악 `귀화`
농촌에서 집단노동이나 명절 때 흥을 돋우기 위해서 연주되는 음악으로, 풍물·두레·풍장·굿이라고도 한다.

(2) 태권도 `귀화`
한국 고유의 전통 무예를 바탕으로 한 운동으로, 현재는 세계화된 국제공인 스포츠이다.

(3) 사물놀이 `귀화`
북·장구·징·꽹과리 등 4가지의 민속타악기로 연주되는 음악 또는 그 음악에 의한 놀이이다.

(4) 줄다리기
많은 사람이 두 편으로 나뉘어 줄을 마주 잡고 당겨서 승부를 겨루는 놀이이다.

(5) 씨름 `귀화`
두 사람이 샅바나 띠 또는 바지의 허리춤을 잡고 힘과 기술을 겨루어 상대를 먼저 땅에 넘어뜨리는 것으로 승부를 결정하는 전통놀이이자 운동경기이다.

꼭꼭 Keyword

설날, 추석, 정월 대보름, 동지, 김치, 연지곤지, 온돌, 대청마루, 농악, 태권도, 사물놀이, 씨름

탄탄 Check

01 태권도에 대해 설명해 보세요.

02 두 사람이 샅바나 서로의 허리춤을 잡고 힘과 기술을 겨루는 운동경기는 무엇인가요?

나만 아는 비밀노트

- 무예: 무도에 관한 재주
- 공인: 국가나 공공단체 또는 사회단체 등이 어느 행위나 물건에 대하여 인정함.

쏙쏙 Answer

01 한국 고유의 전통 무예를 바탕으로 한 운동

02 씨름

제 6 장 문화유산

출제포인트 한국에는 세계적으로 유명한 문화유산이 많습니다. 석굴암, 불국사 등의 세계유산과 판소리, 강강술래 등의 무형문화유산, 훈민정음, 조선왕조실록 등의 세계기록유산을 공부해 봅시다.

탄탄 Check

01 해인사 장경판전에 보존되어 있는 세계에서 가장 오래된 대장경판은 무엇인가요?

01 유네스코와 유산

(1) 의의
유네스코가 인류의 소중한 유산이 파괴되는 것을 막기 위하여 제정하였다.

(2) 종류
세계유산(문화유산, 자연유산, 복합유산), 무형문화유산, 세계기록유산 등이 있다.

나만 아는 비밀노트
- 파괴: 때려 부수거나 깨뜨려 헐어 버림.
- 제정: 제도나 법률 따위를 만들어서 정함.

02 한국의 주요 세계문화유산

(1) 해인사 장경판전 귀화

13세기에 만들어진 대장경판 8만여 장을 보존하는 건축물이다. **팔만대장경**은 오늘날 남은 세계에서 가장 오래된 대장경판이다.

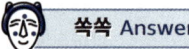
쏙쏙 Answer

01 팔만대장경

(2) 종묘

조선왕조 역대 왕과 왕비의 신주를 모신 유교 사당으로서 가장 정제되고 장엄한 건축물 중 하나이다.

(3) 석굴암과 불국사 귀화

① 석굴암

신라 경덕왕 때 만들어진 한국의 대표적인 석굴사원이다. 신라인들의 신망과 염원, 뛰어난 건축미, 성숙한 조각 기법 등을 보여준다.

② 불국사

석굴암과 함께 신라 불교 문화의 귀중한 유적으로 꼽히는 절이다. 불국사 안에는 삼층석탑, 다보탑, 백운교, 연화교 등의 문화유산이 있다.

탄탄 Check

01 신라 시대에 만들어진 한국의 대표적인 석굴사원은 무엇인가요?

나만 아는 비밀노트

- 정제: 정돈하여 가지런히 함.
- 장엄: 씩씩하고 웅장하며 위엄 있고 엄숙함.
- 신망: 믿고 기대함. 또는 그런 믿음과 덕망
- 염원: 마음에 간절히 생각하고 기원함.

쏙쏙 Answer

01 석굴암

탄탄 Check

01 임진왜란 이후 경복궁 대신 조선의 본궁 역할을 한 궁은 무엇인가요?

02 조선의 왕인 정조가 아버지 사도세자를 기리기 위해 만든 성은 무엇인가요?

03 선사 시대의 문화상을 파악할 수 있는 중요한 유적은 무엇인가요?

(4) 창덕궁

서울특별시 종로에 있는 조선 시대의 궁궐이다. 1405년 태종 때 지었으며, 임진왜란 때 정궁인 경복궁이 소실되고 조선 말기에 복구될 때까지 경복궁 대신 본궁의 역할을 하였다.

(5) 수원 화성 귀화

조선 22대 왕인 정조가 자신의 아버지 사도세자의 무덤을 수원으로 옮긴 후 축조한 성으로 군사적 방어 기능과 상업적 역할을 동시에 수행하였다.

(6) 고창·화순·강화 고인돌 유적 귀화

고인돌은 선사 시대의 사회·문화상을 파악할 수 있고 나아가 사회구조와 정치체계는 물론 당시 사람들의 정신세계를 엿볼 수 있다는 점에서 보존가치가 높다.

나만 아는 비밀노트

• 축조: 쌓아서 만듦.

• 수행: 생각하거나 계획한 대로 일을 해냄.

쏙쏙 Answer

01 창덕궁
02 수원 화성
03 고인돌

(7) 하회마을과 양동마을

한국의 대표적 씨족마을이자 양반마을로 종가, 정사와 정자, 유교 서원과 서당 등이 거의 완전하게 남아 있다.

(8) 훈민정음 (해례본) 귀화

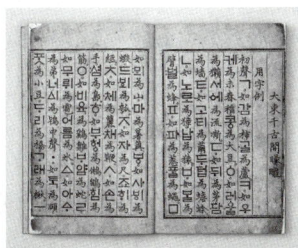

훈민정음은 조선 시대에 세종이 창제한 문자이다. 그리고 훈민정음의 창제 이유와 글자를 만든 원리가 설명되어 있는 책을 훈민정음 해례본이라고 한다. 해례본에는 창제자, 창제 원리, 음가, 운용법에 대한 기록이 모두 남아 있다.

(9) 조선왕조실록

출처: 문화재청

조선왕조실록은 조선왕조의 시조인 태조부터 철종까지 25대 472년간(1392~1863)의 정치, 외교, 군사, 제도 등 전반적인 역사를 기록한 책이다. 세계적으로 그 유례가 없어 높은 평가를 받고 있다.

탄탄 Check

01 조선 시대에 세종이 만든 문자는 무엇인가요?

02 조선왕조의 전 역사를 다방면으로 기록한 책은 무엇인가요?

나만 아는 비밀노트

- 시조: 민족, 왕조, 가계의 맨 처음이 되는 조상
- 유례: 같거나 비슷한 예

쏙쏙 Answer

01 훈민정음

02 조선왕조실록

탄탄 Check

01 금속활자로 인쇄된, 세계에서 가장 오래된 책으로 현재 프랑스 국립 도서관에 보관되어 있는 책은 무엇인가요?

02 조선 왕실의 중요한 행사의 내용을 그림과 문서로 기록한 책은 무엇인가요?

03 판소리 다섯 마당에는 무엇이 있는지 말해 보세요.

(10) 직지심체요절

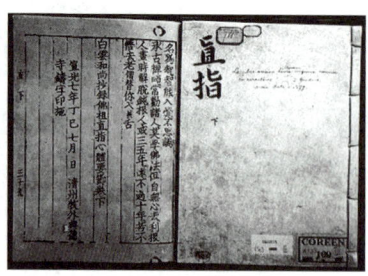

세계 최초의 금속활자본이다. 현재 프랑스 국립도서관에 보관되어 있어 반환에 대해 협상 중이다.

(11) 조선왕조의궤

 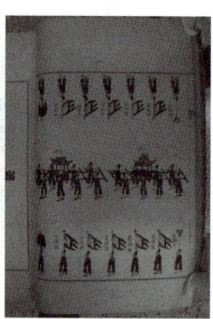

출처: 문화재청

조선왕조의궤는 조선 왕실의 중요한 행사의 내용을 그림과 문서로 기록한 대표적 기록유산이다.

나만 아는 비밀노트

• 반환: 빌리거나 차지했던 것을 되돌려줌.

• 의궤: 나라에서 큰일을 치를 때 후세에 참고하기 위하여 그 일의 처음부터 끝까지의 경과를 자세하게 적은 책

• 고수: 북이나 장구 따위를 치는 사람

• 구연: 동화, 야담, 만담 따위를 여러 사람 앞에서 말로써 재미있게 이야기함.

(12) 판소리 귀화

① 광대 한 사람이 고수의 북장단에 맞추어 서사적인 이야기를 소리와 아니리(말)로 엮어 발림(몸짓)을 곁들이며 구연하는 우리 고유의 민속악이다.

② 판소리 다섯 마당: 춘향가, 심청가, 흥부가, 수궁가, 적벽가

 **쏙쏙 Answer**

01 직지심체요절

02 조선왕조의궤

03 춘향가, 심청가, 흥부가, 수궁가, 적벽가

(13) 강강술래 귀화

임진왜란 때 이순신 장군이 적에게 우리 군사가 많아 보이게 하기 위하여 부녀자들에게 떼를 지어 곳곳에 모닥불을 피워 놓고 돌면서 강강술래라는 노래를 부르게 한 데서 유래했다는 설이 있다. 여러 사람이 함께 손을 잡고 원을 그리며 빙빙 돌면서 춤을 추고 노래를 부른다.

(14) 아리랑 귀화

한국의 대표적인 민요이다. 전통적으로 전래되고 있는 아리랑으로 정선아리랑(강원도 정선군), 밀양아리랑(경상남도 밀양시), 진도아리랑(전라남도 진도군) 등이 있다.

Level Up Tip

유네스코 등재유산

1. 세계유산
   - 해인사 장경판전(1995)
   - 석굴암과 불국사(1995)
   - 수원 화성(1997)
   - 경주역사유적지구(2000)
   - 조선왕릉(2009)
   - 남한산성(2014)
   - 산사, 한국의 산지승원(2018)
   - 한국의 갯벌(2021)
   - 종묘(1995)
   - 창덕궁(1997)
   - 고창·화순·강화 고인돌 유적(2000)
   - 제주 화산섬과 용암 동굴(2007)
   - 한국의 역사 마을: 하회와 양동(2010)
   - 백제역사유적지구(2015)
   - 한국의 서원(2019)
   - 가야 고분군(2023)

2. 무형문화유산
   - 종묘제례 및 종묘제례악(2001)
   - 강릉단오제(2005)
   - 남사당놀이(2009)
   - 처용무(2009)
   - 가곡(2010)
   - 매사냥(2010)
   - 택견(2011)
   - 아리랑(2012)
   - 농악(2014)
   - 제주해녀문화(2016)
   - 연등회(2020)
   - 장 담그기(2024)
   - 판소리(2003)
   - 강강술래(2009)
   - 영산재(2009)
   - 제주칠머리당 영등굿(2009)
   - 대목장(2010)
   - 줄타기(2011)
   - 한산모시짜기(2011)
   - 김장문화(2013)
   - 줄다리기(2015)
   - 씨름(2018)
   - 한국의 탈춤(2022)

3. 세계기록유산
   - 훈민정음(1997)
   - 직지심체요절(2001)
   - 해인사 대장경판 및 제경판(2007)
   - 동의보감(2009)
   - 5·18 민주화운동 기록물(2011)
   - 새마을운동 기록물(2013)
   - KBS 특별생방송 '이산가족을 찾습니다' 기록물(2015)
   - 한국의 유교책판(2015)
   - 국채보상운동 기록물(2017)
   - 4·19 혁명 기록물(2023)
   - 조선왕조실록(1997)
   - 승정원일기(2001)
   - 조선왕조의궤(2007)
   - 일성록(2011)
   - 난중일기(2013)
   - 조선왕조 어보와 어책(2017)
   - 조선통신사에 관한 기록물(2017)
   - 동학농민혁명 기록물(2023)

꼭꼭 Keyword

해인사 장경판전, 팔만대장경, 석굴암, 불국사, 창덕궁, 수원 화성, 판소리, 강강술래, 아리랑

제7장 남북통일

출제포인트 통일은 한반도에 남은 마지막 숙제입니다. 왜 통일을 해야 하는지, 통일의 긍정적인 효과는 무엇이며 통일을 이루기 위해 한국(남한)과 북한의 국민들은 어떤 노력을 해야 하는지 공부해 봅시다.

01 남북분단의 배경

(1) 민족 내부적 배경
해방 후 국가 이념에 대한 입장 차이로 내부에 분열이 일어나 세력 간에 충돌이 발생했다. 따라서 통일정부 수립을 위하여 민족의 역량을 하나로 모으지 못하였다.

(2) 국제적 배경
한반도는 대륙 세력과 해양 세력이 만나는 곳에 위치하여 미국, 일본, 중국, 러시아와 같은 강대국의 대립과 충돌이 끊이지 않았다. 해방 후 한반도에서는 미국의 자유주의와 소련의 공산주의가 대립하였다.

02 남북분단의 아픔

(1) 이산가족
① 국가의 분단으로 강제로 헤어져 서로 만날 수도 없고, 소식도 모르고 살아가야 하는 가족이다.

탄탄 Check

01 국제적 관점에서 남북분단의 배경을 설명해 보세요.

02 이산가족은 무엇인가요?

나만 아는 비밀노트
- 이념: 이상적인 것으로 여겨지는 생각이나 견해
- 역량: 어떤 일을 해낼 수 있는 힘

 쏙쏙 Answer

01 미국, 일본, 중국, 러시아와 같은 강대국 간의 대립과 한반도에서 일어난 미국의 자유주의와 소련의 공산주의의 대립

02 국가의 분단으로 강제로 헤어져 서로의 소식도 모른 채 살아가야 하는 가족

탄탄 Check

01 남북분단으로 인한 국가적 손실은 무엇이 있는지 말해 보세요.

02 통일은 왜 해야 하나요?

② 한국(남한)과 북한은 이산가족의 아픔을 덜어주려 여러 차례 이산가족 상봉 행사를 진행했다. 그러나 이는 이산가족의 고통을 덜어줄 근본적인 해결책이 되지 못하고 있다.

③ 현재는 분단이 된 후 오랜 시간이 흘러서 헤어진 가족을 만날 수 있는 생존자가 감소하고 있다.

(2) 분단으로 인한 국가적 손실 `귀화` `사통`

병력 유지를 위해 과도하게 들어가는 국방비와 젊은이들의 의무적 군 복무로 인력의 낭비가 크다. 또한 원래 하나였던 나라가 둘로 나뉘면서 자원과 노동력 활용에서 손해가 발생하고 있다.

03 통일의 중요성 `귀화` `사통`

(1) 통일의 의미

통일은 한국(남한)과 북한이 하나가 되어 우리 민족의 새로운 역사를 창조하는 것이므로 꼭 이루어야 할 민족의 과업이다.

(2) 통일의 긍정적 효과

오랜 시간 헤어져 살아온 이산가족이 고통을 끝내고 다시 한 가족으로 지낼 수 있다. 또한 둘로 나뉜 영토와 자원, 노동력을 합한다면 한 단계 더 성장한 국가로 거듭날 수 있다. 따라서 한국(남한)과 북한은 갈등과 증오심을 버리고 평화의 길로 나아가야 한다.

나만 아는 비밀노트

- 상봉: 서로 만남.
- 과업: 꼭 하여야 할 일이나 임무

쏙쏙 Answer

01 과도하게 들어가는 국방비, 불필요한 젊은 인력의 낭비, 자원과 노동력 활용에서의 손해 등

02 이산가족의 고통을 끝낼 수 있고, 한국(남한)과 북한이 힘을 합치면 더 성장한 국가로 거듭날 수 있기 때문

04 통일을 위한 노력 귀화 사통

(1) 한국(남한)의 노력
정치적으로 안정된 기반을 형성하고 자유 민주주의의 토대를 더욱 견고히 하여 역량을 구축해야 한다.

(2) 북한의 노력
내부적으로 개방의 문을 여는 것이 시급하며 남북 교류와 협력을 강화하기 위한 노력이 선행되어야 한다.

(3) 개인의 노력
통일에 대한 관심과 믿음을 가져야 한다. 또한 오랜 분단으로 생겨난 서로의 차이를 인정하고 받아들여야 한다.

꼭꼭 Keyword
남북분단의 배경, 이산가족, 통일의 필요성, 통일을 위한 노력

탄탄 Check
01 통일을 위해 한국(남한)과 북한은 어떤 노력을 해야 하나요?

02 통일을 위해 국민들은 어떤 노력을 해야 하나요?

나만 아는 비밀노트
- 토대: 어떤 사물이나 사업의 밑바탕이 되는 기초와 밑천을 비유적으로 이르는 말
- 구축: 체제, 체계 따위의 기초를 닦아 세움.

쏙쏙 Answer
01 한국(남한)은 자유 민주주의의 토대 아래에서 정치적으로 안정된 기반을 형성하고, 북한은 내부적으로 개방의 문을 열고 남북 교류와 협력을 위해 노력해야 함.

02 통일에 대한 관심과 믿음을 가지고 분단으로 생긴 차이를 극복하도록 노력해야 함.

제 2 편
귀화 면접심사

제1장 면접심사 소개
제2장 기출 주제 읽기 평가
제3장 주제별 기출문제
제4장 실전 모의평가

 시대에듀 홈페이지 접속 ➡ 학습 자료실 ➡ 학습자료 ➡ MP3 클릭 ➡
[귀화 면접심사 & 사회통합프로그램 구술시험 기출분석] 검색 후 다운로드

제1장 면접심사 소개

출제포인트 귀화 면접심사의 목적과 방법, 면접 Tip 등을 소개합니다. 귀화 면접심사에 대해 알아보고, 평가 기준에 맞춰 시험을 준비해 봅시다.

01 면접심사의 목적

- 외국인 또는 동포들이 대한민국의 일원으로 안정적으로 정착할 수 있도록 돕는다.
- 대한민국 국민으로서의 자세와 자유·민주적 기본질서에 대한 신념 등의 기본 요건을 심사한다(국적법 시행규칙 제4조 제4항).

02 면접심사 방법

- 면접관 2명이 1조로 진행한다.
- 면접심사는 짧게는 10분, 길게는 20분 정도 걸린다.
- 면접심사 유형에 따라 당사자뿐만 아니라 가족들도 함께 질문에 답하는 경우가 있다.

03 면접심사 평가 범위

(1) 애국가 가창 여부
애국가를 부를 줄 알아야 한다(보통 1절을 부르라고 하는 경우가 많음).

(2) 한국어 능력
한국어로 대화하고, 의미를 이해할 수 있는 능력을 평가한다.

(3) 대한민국 국민으로서의 자세

① 국민의 권리와 의무를 잘 알고 있는가?

  예) 다른 나라의 침략을 받을 경우 대한민국 국민으로서 어떻게 행동해야 합니까?

② 국경일의 종류와 제정 의의를 잘 알고 있는가?

  예) 대한민국에는 많은 국경일이 있습니다. ○○절(날)은 언제이고, 그 날을 기념하는 이유는 무엇인가요?

(4) 자유민주적 기본질서에 대한 신념

① 민주주의의 의미를 알고 있는가?

  예) 대한민국은 민주주의 국가입니다. 대한민국의 주권은 누구에게 있습니까?

② 국가기관의 종류와 역할을 알고 있는가?

  예) 대한민국의 중앙행정기관 중 방역·검역 등 감염병에 관한 사무 및 각종 질병에 관한 조사를 하는 기관은 어디인가요?

(5) 국민으로서 갖추어야 할 기본 소양

① 역사와 전통에 대해 알고 있는가?

  예) 서울에 가면 볼 수 있는 대표적인 유적들에는 어떤 것들이 있습니까?

② 일반 상식에 대해 얼마나 알고 있는가?

  예) 1988년 대한민국에서 올림픽이 열렸는데, 그 장소는 어디입니까?

(6) 예의 및 태도

단정한 복장 및 자세, 성실하고 진지한 태도를 평가한다.

※ 면접심사에 대한 자세한 정보는 법무부 출입국·외국인 정책본부 홈페이지(http://www.immigration.go.kr)와 하이코리아 홈페이지(https://www.hikorea.go.kr)를 참고하시기 바랍니다.

04 면접심사 주의 사항 및 Tip

(1) 단정한 복장과 예의 바른 자세로 성실하고 진지하게 면접에 임해야 한다.

정장 차림이 좋지만 정장이 없다면 단정하고 깔끔한 옷차림으로 가는 것이 좋다. 진지하고 성실한 자세와 태도를 보이지 않을 경우에는 아무리 답변을 잘했더라도 불합격 처리가 될 수 있으므로 주의해야 한다.

(2) 첫인상은 인사가 좌우한다.

면접장에 들어갈 때 고개를 숙여서 정중하게 인사를 해야 한다.

(3) 질문에 대답할 때는 문장으로 대답한다.

단어로만 짧게 대답하지 말고 문장으로 대답하되 '-입니다/습니다'로 문장을 마쳐야 한다.

(4) 질문을 이해하지 못했다면 정중히 되물어 본다.

질문을 받았는데 잘 이해하지 못했을 때는 "죄송하지만 다시 한번 말씀해 주십시오."라고 요청하면 된다.

(5) 대답이 틀렸을 땐 당황하지 말고 다시 대답한다.

자신이 말한 대답이 틀렸다고 생각되면 "죄송하지만 다시 대답하고 싶습니다."라고 말하고 다시 대답을 한다. 만약 면접이 끝났더라도 문 밖으로 나오기 전에 대답하지 못했던 것이 생각났다면 면접관에게 답변이 생각났으니 다시 대답하고 싶다고 말해도 좋다. 면접관이 허락하면 다시 대답하면 된다.

(6) 면접장을 나오는 순간까지 면접을 보는 과정이다.

문을 닫고 나올 때까지 예의 바른 자세를 유지해야 한다. 면접은 성실한 자세와 태도가 가장 중요하다.

제 2 장 기출 주제 읽기 평가

출제포인트 한국의 문화나 사회 현상에 대한 짧은 글이 제시됩니다. 글을 이해하고 있는지 파악하는 질문을 하므로 글을 읽으면서 핵심을 찾아 내용을 이해하는 것에 중점을 두고 연습해 봅시다.

※ 휴대폰으로 QR코드를 찍으면 읽기 평가를 들으실 수 있습니다.

01 귀화 서약서

※ 다음 글을 읽어 보세요.

> 나는 대한민국에 귀화함에 있어 대한민국에 충성을 다하고 대한민국의 헌법과 법률이 정한 내용을 준수하며 자유민주적 기본질서를 수호하고, 평화통일을 지향하며 대한민국 국민으로서의 의무와 책임을 다할 것을 엄숙히 서약합니다.

01 윗글은 어떤 내용인가요?

✏️ 대한민국 국민으로서 의무와 책임을 다할 것을 서약하는 내용의 글입니다.

02 의무와 책임의 뜻은 무엇인가요?

✏️ 의무는 마땅히 해야 할 일을 뜻하고, 책임은 어떤 일의 결과에 대해 의무나 부담을 지는 것을 말합니다.

03 한국어로 본인의 성명과 국적, 생년월일을 적고, 서명을 하세요.

✏️

 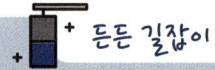 든든 길잡이

한국어로 본인의 인적사항을 적을 때 맞춤법이 틀리지 않도록 주의합니다.

02 전통 혼례

※ 다음 글을 읽어 보세요.

> 한국의 전통 혼례는 신부의 집에서 치르는 것이 관례입니다. 신부 집에서는 혼례일을 정하고, 신랑 집에서는 혼례 전날에 옷감과 편지가 든 함을 신부 집으로 보냈습니다.
>
> 혼례 날 신부는 두 볼에는 연지를, 이마에는 곤지를 찍었습니다. 붉은색이 나쁜 것을 막아준다고 믿었기 때문입니다. 마주 보고 서 있는 신랑과 신부의 가운데에 놓인 상에는 암수 한 쌍의 나무 기러기를 놓았습니다. 기러기는 부부가 평생 헤어지지 말고 행복하게 살라는 사람들의 마음을 담고 있습니다. 신랑과 신부는 서로 절을 하고 술잔을 나눈 뒤, 부부로서 서로가 하나 됨을 약속하였습니다.
>
> 혼례를 치르고 나면 부부는 집안 어른들께 폐백을 드렸습니다. 가족들은 신부에게 대추와 밤을 던져 주며 자식을 많이 낳고 복되게 살라고 기원해 주었습니다.

01 윗글은 어떤 내용인가요?

✎ 한국의 전통 혼례에 관한 글입니다.

02 나쁜 것을 막기 위해 신부는 무엇을 하나요?

✎ 신부는 나쁜 것을 막기 위해 두 볼에는 연지를 찍고 이마에는 곤지를 찍었습니다.

03 암수 한 쌍의 기러기는 무엇을 의미하나요?

✎ 암수 한 쌍의 기러기는 부부가 평생 헤어지지 말고 행복하게 살라는 사람들의 마음을 담고 있습니다.

04 폐백을 드릴 때 가족들은 신부에게 왜 대추와 밤을 던져 주나요?

✎ 대추와 밤은 많은 자식과 복을 의미하기 때문에 자식을 많이 낳고 복되게 살라고 대추와 밤을 던져 줍니다.

든든 길잡이

글을 읽는 데 집중하다 보면 인상을 찌푸리거나 자세가 흐트러질 수 있습니다. 바른 자세로 또박또박 읽는 연습을 해 봅시다.

03 지구 온난화와 환경 보호

※ 다음 글을 읽어 보세요.

> 사계절이 뚜렷했던 한국은 21세기에 접어들면서 여름과 겨울은 길어지고 봄과 가을은 점점 짧아지고 있다. 과학자들은 지구 온난화에서 그 원인을 찾고 있는데 지구 온난화는 지구의 기온이 조금씩 상승하는 현상을 말한다. 지구 온난화로 인해 세계 곳곳에서 이상 기후가 나타나고 있다. 예를 들어 미국과 유럽의 여러 나라에서 여름 최고 기온이 50℃까지 오르는가 하면 겨울에는 폭설과 한파로 큰 피해를 입기도 한다. 전문가의 말에 따르면 이러한 이상 기후는 환경 오염 때문이라고 한다. 환경 오염과 지구 온난화를 막기 위해서는 개인과 정부의 많은 노력이 필요하다. 정부와 기업은 석유와 석탄을 대신할 대체 에너지 개발에 힘써야 한다. 그리고 우리는 환경 보호를 위해 일회용품 사용을 줄여야 한다. 또한 차량 2부제를 실시하는 등 배기가스를 줄이는 노력이 필요하다.

01 윗글은 어떤 내용인가요?

✎ 지구 온난화 현상과 환경 보호에 대한 글입니다.

02 지구 온난화는 어떤 현상인가요?

✎ 지구의 온도가 조금씩 상승하는 현상입니다.

03 지구 온난화의 원인은 무엇인가요?

✎ 지구 온난화는 환경 오염 때문에 일어납니다.

04 지구 온난화를 막고 환경을 보호하기 위해 어떤 노력이 필요한가요?

✎ 정부와 기업은 석유와 석탄을 대체할 대체 에너지를 개발해야 합니다. 또한 우리는 환경 보호를 위해 일회용품 사용을 줄이고 차량 2부제를 실시하는 등 배기가스를 줄이기 위한 노력을 해야 합니다.

든든 길잡이

글에서 전달하려고 하는 중심 주제가 무엇인지 생각하며 읽어 보세요.

04 저출산(저출생)

※ 다음 글을 읽어 보세요.

> 저출산 현상은 태어나는 아이의 수가 감소하여 국가의 출산율이 낮아지는 것을 말합니다. 한국은 현재 출산율이 1명 이하로 초저출산 사회에 들어섰습니다. 의료기술의 발달과 1인당 소득의 증가로 노년 인구는 계속 늘어나는 추세인데 그들을 부양할 젊은 세대의 비율은 줄어들고 있어 저출산 현상이 심각한 사회문제로 대두되고 있습니다.
>
> 조사 결과 저출산 현상의 원인으로는 '양육비용의 부담'이 31.2%로 가장 많았고, '취업난과 고용불안정', '일과 가정의 양립이 어려운 사회문화', '여성 위주의 육아 및 가사 부담' 등이 뒤를 이었습니다. 따라서 저출산 문제를 해결하기 위해서는 사회구성원 모두가 인식 변화를 위해 노력해야 하며, 정부는 제도적·금전적 지원을 아끼지 않아야 합니다.

01 윗글은 어떤 내용인가요?

✎ 저출산 현상의 의미와 원인, 해결 방법에 대해 이야기하는 글입니다.

02 저출산 현상의 원인은 무엇인가요?

✎ 양육비용, 취업난과 불안정한 고용, 일과 가정에서의 역할을 동시에 해내기 쉽지 않은 사회문화, 여성 위주의 육아 및 가사 부담 등의 이유로 아이를 낳지 않으려 합니다.

03 저출산 문제를 해결하기 위해 어떤 노력을 해야 하나요?

✎ 아이를 잘 양육할 수 있도록 사회구성원의 인식 변화와 정부의 제도적·금전적 지원이 필요합니다.

든든 길잡이

'%'는 '퍼센트' 또는 '프로'로 읽습니다. 예를 들어 '13%'는 '십삼 퍼센트' 또는 '십삼 프로'라고 읽고, '2.3%'는 '이쩜삼 퍼센트' 또는 '이쩜삼 프로'라고 읽습니다.

05 기본예절

※ 다음 글을 읽어 보세요.

철수는 할머니 댁에 가기 위해 지하철을 탔습니다. 오늘따라 지하철에 사람이 많았지만 다행히 자리가 하나 비어 있어서 앉을 수 있었습니다. 지하철 노선표를 보고 있는데 옆에 앉은 아저씨가 큰 목소리로 통화를 했습니다. 철수는 아저씨의 통화 소리가 시끄러워 인상을 찌푸렸습니다. 다음 정류장에서 아저씨가 내린 후 어린아이가 부모님과 함께 탔습니다. 아이는 엄마의 손을 놓고 열차 안을 뛰어다니다 엄마에게 혼이 났습니다. 문이 닫히기 직전에 양손 가득 짐을 든 할머니가 타셨습니다. 철수는 자리에서 일어나 할머니의 짐을 들어 드리고, 자신의 자리를 할머니께 양보했습니다.

01 윗글은 어떤 내용인가요?

✎ 지하철을 이용할 때 지켜야 할 기본예절에 대한 글입니다.

02 철수는 왜 인상을 찌푸렸나요?

✎ 대중교통을 이용할 때는 조용히 해야 하고, 통화를 할 때는 작은 목소리로 용건만 간단히 말한 후 끊어야 합니다. 그런데 아저씨가 예절을 지키지 않고 큰 목소리로 통화를 해서 철수는 인상을 찌푸렸습니다.

03 아이는 왜 엄마에게 혼이 났나요?

✎ 사람이 많은 곳에서는 부모님을 잃어버리기 쉬우므로 손을 꼭 잡고 있어야 합니다. 그런데 아이가 엄마의 손을 놓고 열차 안에서 뛰어다녔기 때문입니다.

04 철수가 한 착한 일은 무엇인가요?

✎ 짐을 든 할머니를 도와드리고 자신의 자리를 할머니께 양보했습니다.

든든 길잡이

대답을 할 때, 자신이 알고 있는 지식을 활용해 보세요. 모범 답안 이외에도 지켜야 할 한국의 기본예절을 이야기해 보세요.

제 3 장 주제별 기출문제

출제포인트 기출문제를 복원하여 주제별로 모았습니다. 오른쪽의 모범 답안을 가린 채 답변을 손으로 써 보고, 입으로 소리 내 읽어 본 뒤에 자신의 답변과 모범 답안을 비교하는 방법으로 연습해 봅시다.

01 대한민국

01 한국의 정식 국호는 무엇인가요?

✏️ 대한민국입니다.

02 한국 국기의 이름은 무엇인가요?

✏️ 태극기입니다.

03 한국 국기인 태극기는 어떻게 구성되어 있는지 설명해 보세요.

✏️ 태극기는 흰색 바탕에 빨간색과 파란색의 태극문양이 중앙에 있고 모서리에는 검은색의 4괘가 있습니다.

04 태극기의 건곤감리를 설명해 보세요.

✏️ 건곤감리는 태극문양 주변에 있는 4괘로 각각 하늘, 땅, 물, 불을 의미합니다.

05 한국 국가의 이름은 무엇이며 이 노래를 작곡한 작곡가는 누구인가요?

✎ 한국의 국가는 애국가이며, 안익태가 작곡했습니다.

Level Up Tip

애국가는 나라를 사랑하는 노래라는 뜻으로 한국의 국가이다. 전체 4절로 구성되어 있으며, 면접심사 시 애국가를 부를 수 있어야 한다(보통 1절을 부르라고 하는 경우가 많음).

06 한국을 대표하는 나라꽃의 이름을 말해 보세요.

✎ 한국의 나라꽃은 무궁화입니다.

07 한국을 상징하는 것을 3가지 말해 보세요.

✎ 한국을 상징하는 것으로는 태극기, 애국가, 무궁화 등이 있습니다.

08 '백성을 가르치는 바른 소리'라는 뜻으로 세종대왕이 만든 글자는 무엇인가요?

✎ 훈민정음입니다.

09 한국의 화폐 단위는 무엇인지 말해 보세요.

✎ 한국의 화폐 단위는 원(WON)입니다.

10 십 원짜리 동전 앞면에는 무엇이 새겨져 있나요?

✎ 경주 불국사에 있는 다보탑이 새겨져 있습니다.

11 오백 원짜리 동전의 앞면에는 무엇이 새겨져 있나요?

✎ 두루미(학)라는 새가 새겨져 있습니다.

12 천 원권 지폐에 실린 사람은 누구인가요?

✎ 조선 시대의 학자인 퇴계 이황입니다.

Level Up Tip
퇴계 이황은 조선 시대의 대표적인 학자로 관직에 오르는 것보다는 학문 연구와 제자들의 교육에 힘썼다.

13 오천 원권 지폐에 실린 인물로 십만양병설을 주장한 사람은 누구인가요?

✎ 율곡 이이입니다.

Level Up Tip
율곡 이이는 조선을 대표하는 학자로 신사임당의 아들이다. 사회 개혁을 위해 많은 노력을 기울였으며 일본의 침략에 대비해 십만양병설을 주장하였으나 시행되지 못했다.

14 한국 화폐에 실린 최초의 여성은 누구인가요?

✎ 한국 화폐에 실린 최초의 여성은 신사임당입니다. 오만 원권 지폐에 실려 있습니다.

15 한국의 수도는 어디인지 말해 보세요.

✎ 한국의 수도는 서울입니다.

Level Up Tip

서울은 한반도 중앙에 위치해 있다. 1392년 태조 이성계가 한양(서울)을 수도로 정한 이래로 지금까지 한국의 정치·경제 등의 요충지 역할을 하고 있다. 현재 한국 인구의 약 20%가 서울에 살고 있다.

16 서울을 관통하는 강에 대해 말해 보세요.

✎ 서울을 관통하는 강은 한강입니다. 한강은 동쪽에서 서쪽으로 흐릅니다.

17 한국은 삼면이 동해, 서해, 남해로 둘러싸인 반도 형태입니다. 그중 독도는 어느 바다에 있나요?

✎ 독도는 동해에 있습니다.

Level Up Tip

독도는 동해에 위치해 있고, 행정구역상 경상북도에 속한다. 한국의 영토 중 가장 동쪽 끝에 자리해 있으며 전략적 요충지로 평가받는다. 현재 일본은 교과서에 독도를 자국의 영토로 기재하는 등 영토분쟁을 일으키려고 하고 있으나 국제사회에서 받아들여지지 않고 있다. 역사적으로 살펴보면 독도는 6세기 신라 지증왕 때부터 한국의 영토였음을 증명하는 많은 문헌이 존재한다.

18 한국에서 갯벌이 많은 해안은 어디인지 말해 보세요.

✎ 한국에서 갯벌이 많은 해안은 서해안과 남해안입니다.

19 한국의 기후에 대해서 설명해 보세요.

한국의 기후는 다양합니다. 봄, 여름, 가을, 겨울의 사계절이 뚜렷한 것이 특징입니다. 대체로 3~5월은 봄, 6~8월은 여름, 9~11월은 가을, 12~2월은 겨울입니다. 한국 사람들은 봄에는 꽃놀이, 여름에는 피서, 가을에는 단풍놀이를 가고 겨울에는 눈 구경을 합니다.

20 한국의 5대 국경일에는 무엇이 있는지 말해 보세요.

한국의 5대 국경일에는 3·1절, 제헌절, 광복절, 개천절, 한글날이 있습니다.

21 3·1절, 제헌절, 광복절 등 국경일에 꼭 해야 하는 일에 대해 말해 보세요.

창가나 대문에 태극기를 달아야 합니다.

22 일본의 탄압에서 벗어나 국권을 되찾은 것을 기념하는 날은 언제이며, 그 날의 이름은 무엇인가요?

8월 15일이며, 광복절이라고 합니다.

23 7월 17일은 무슨 날입니까?

✏️ 제헌절입니다. 1948년 7월 17일에 한국 최초의 헌법이 제정된 것을 기념하는 날입니다.

24 현충일에 대해 설명해 보세요.

✏️ 현충일은 6월 6일로 나라를 위해 자신의 목숨을 아낌없이 바친 순국선열을 기리는 날입니다. 이날은 열사들을 기억하고 감사하는 마음을 되새기기 위해 조기 게양을 합니다.

> **Level Up Tip**
> 조의를 표하는 날에는 조기 게양을 한다. 태극기를 깃봉에서 태극기의 세로 길이만큼 내려서 달아야 한다.

25 한국의 국경일 중 개천절에 대해 설명해 보세요.

✏️ 개천절은 10월 3일로 단군왕검이 고조선을 세운 것을 기념하는 날입니다. 고조선은 한반도에 세워진 최초의 국가입니다.

26 5월 5일은 무슨 날인가요?

✏️ 5월 5일은 어린이날입니다. 어린이날은 어린이를 아끼고 존중하며 어린이가 씩씩하게 자랄 수 있는 환경을 만들기 위해 제정한 기념일입니다. 1923년 방정환이 처음 만들었습니다.

27 어버이날에 대해 설명해 보세요.

✎ 어버이날은 5월 8일로 부모님의 은혜에 감사하고, 어른과 노인을 공경하는 마음을 갖기 위해 만들어진 날입니다.

28 국군의 날에 대해 설명해 보세요.

✎ 국군의 날은 10월 1일로 국군장병들의 사기를 높이고 한국 군대의 위엄과 전투력을 국내외에 보여주기 위해서 만들어진 날입니다.

02 역사

01 한반도 최초의 국가는 무엇인가요?

✎ 고조선입니다.

02 고조선의 건국신화는 무엇인가요?

✎ 단군신화입니다.

03 신라의 '화랑도'에 대해 설명해 보세요.

✎ 화랑도는 진흥왕이 만든 청소년 조직입니다. 국방의 역할과 더불어 신분 계층 간 통합의 기능을 하였습니다.

04 삼국 시대에는 어떤 나라가 있었는지 말해 보세요.

✎ 삼국 시대에는 고구려, 백제, 신라가 있었습니다.

Level Up Tip
삼국 중에 백제가 제일 먼저 발전하였으며, 그 후에 고구려, 신라 순으로 발전하였다.

05 한국 역사상 가장 넓은 영토를 차지한 광개토대왕은 어느 나라의 왕인가요?

✎ 광개토대왕은 고구려의 왕입니다.

06 중국인 친구가 고구려를 중국의 역사라고 하면 뭐라고 말할 것인지 설명해 보세요.

✎ 광개토대왕릉비를 보면 고구려의 광개토대왕이 한국 역사상 가장 넓은 영토를 차지한 왕이었고, 중국과는 별개로 고구려만의 연호를 사용하였다고 기록되어 있습니다. 따라서 고구려는 한국의 역사입니다.

07 삼국 중 제일 먼저 발전하였으며, 일본에 문화적으로 영향을 준 나라는 어느 나라인가요?

✎ 백제입니다.

Level Up Tip
백제는 한강 유역에 자리를 잡아 농사짓기에 유리하였고, 지리상 가까운 중국, 일본과 활발히 교류하였다. 특히 일본에 문화적으로 많은 영향을 주었다.

08 삼국을 통일한 나라는 어디인가요?

✎ 신라입니다.

09 고구려가 멸망한 후 고구려 땅이었던 만주에 세워진 나라의 이름은 무엇인가요?

✎ 발해입니다. 대조영은 고구려를 계승하여 발해를 건국하였습니다.

10 후삼국을 통일하여 고려를 세운 사람은 누구인가요?

✎ 태조 왕건입니다.

11 다른 나라에서 한국을 '코리아(Korea)'라고 하는데, 이 이름의 유래를 설명해 보세요.

✎ 한국의 '코리아(Korea)'는 고려에서 온 이름입니다. 고려 시대에는 다른 나라와 무역을 많이 했는데, 그중 아라비아 상인들이 고려를 코리아라고 발음한 것이 굳어져 세계에 알려지게 되었습니다.

12 해인사에 있는 팔만 개의 불교 경전판은 무엇인가요?

✎ 팔만대장경입니다.

13 지금의 서울을 수도로 하고 유교를 중심으로 세워졌던 나라는 어디인가요?

✎ 조선입니다.

14 세종대왕이 설치한 학문 연구기관은 어디인가요?

✎ 집현전입니다.

15 신문고에 대해 설명해 보세요.

✎ 조선 시대에 억울한 일을 당한 백성들이 왕에게 억울함을 알리기 위해 치던 북입니다.

16 조선 후기의 실학자 '정약용'이 쓴 대표적인 책은 무엇인가요?

✎ 목민심서입니다.

> **Level UP Tip**
> 정약용은 조선 후기의 대표적인 실학자이다. 그가 쓴 목민심서는 백성을 다스리는 올바른 자세에 대해 말하고 있다.

17 권율 장군이 지휘하여 승리한 전쟁에 대해 말해 보세요.

✎ 임진왜란 때 권율 장군이 백성들과 함께 행주산성에서 왜군을 막아낸 전쟁으로 행주대첩이라 부릅니다.

18 비의 양을 측정하기 위해 세종대왕이 만든 기구는 무엇인가요?

✎ 측우기입니다.

> **Level UP Tip**
> 세종대왕은 비의 양을 측정하는 측우기, 물시계인 자격루, 해시계인 앙부일구, 천체관측기구인 혼천의 등을 발명하여 백성들이 농사짓는 일에 큰 도움을 주었다.

19 임진왜란 때 전쟁을 승리로 이끈 장군들을 말해 보세요.

✎ 이순신 장군, 권율 장군, 김시민 장군 등이 있습니다.

Level Up Tip
이순신 장군과 권율 장군, 김시민 장군은 임진왜란 때 나라를 위해 싸운 장군이다. 특히 이순신 장군은 거북선을 만들어 바다에서 일본군의 침략을 막았다.

20 십만양병설을 주장한 사람은 누구인가요?

✎ 율곡 이이입니다.

Level Up Tip
율곡 이이는 오천 원권 지폐에 실려 있으며, 오만 원권 지폐에 있는 신사임당의 아들이다. 일본이 전쟁을 일으킬 것에 대비해 십만양병설을 주장하였으나 시행되지 못했다.

21 세종대왕이 창제한 훈민정음이 '한글'로 불리게 만든 사람은 누구인가요?

✎ 주시경입니다.

Level Up Tip
주시경은 한글학회에서 활동하면서 훈민정음을 한글이라고 이름을 붙였다.

22 조선 후기 성리학에 반발하여 실제 생활에 도움이 되는 실용적인 학문을 주장하고 제도의 개혁을 외쳤는데, 이 학문은 무엇인가요?

✎ 실학입니다.

23 3·1 운동에 대해 설명해 보세요.

✎ 1919년 3월 1일에 일본의 식민지 지배에 저항한 평화적인 독립 만세 운동입니다.

24 알고 있는 한국의 독립운동가를 말해 보세요.

✎ 김구, 안창호, 유관순, 윤봉길 등이 있습니다.

25 중국 상하이에 대한민국 임시정부를 세우고 한국의 독립을 위해 힘쓴 사람은 누구인가요?

✎ 김구입니다.

26 유관순에 대해 설명해 보세요.

✎ 유관순은 3·1 운동을 이끌다 체포되었으며, 감옥에서도 독립을 주장하며 만세 운동을 하다가 어린 나이에 옥중에서 목숨을 잃었습니다.

27 북한이 소련의 도움을 받아 남한을 기습 공격한 전쟁은 무엇인가요?

✎ 6·25 전쟁입니다. 6·25 전쟁은 1950년 6월 25일에 일어났습니다.

28 6 · 25 전쟁이 끝나고 생긴 남과 북의 경계선은 무엇인가요?

✎ 휴전선입니다.

29 이승만 전 대통령을 대통령직에서 물러나게 한 사건은 무엇인가요?

✎ 4 · 19 혁명입니다.

30 5 · 18 민주화 운동에 대해 설명해 보세요.

✎ 광주 시민을 중심으로 민주 정부를 수립할 것을 요구한 민주화 운동으로 1980년 5월 18일에 일어났습니다.

31 대통령 직선제 시행의 원인이 된 사건은 무엇인가요?

✎ 1987년 6월 항쟁입니다.

Level Up Tip

1948년 7월 17일에 헌법을 제정한 후, 1948년 8월 15일에 대한민국 정부가 수립되었다. 그 후 1960년 4 · 19 혁명, 1980년 5 · 18 민주화 운동, 1987년 6월 항쟁 등을 거치며 민주주의가 발전하게 되었다.

03 정치

01 국민이 나라의 주인이 되고, 국민의 뜻에 따라 국민을 위한 정치가 이루어지는 제도는 무엇인가요?

✎ 민주주의입니다.

Level Up Tip
대한민국은 민주공화국이며 대한민국의 주권은 국민에게 있고, 모든 권력은 국민으로부터 나온다(대한민국 헌법 제1조).

02 한국 최고의 법은 무엇인가요?

✎ 헌법입니다.

Level Up Tip
헌법은 국가 통치 체제와 기본권 보장에 관한 근본 원칙을 담고 있는 한국 최고의 법이다.

03 민주주의 국가에서 국민들이 정치에 참여할 수 있는 가장 기본적인 방법은 무엇인가요?

✎ 선거입니다.

04 선거의 4대 원칙에는 무엇이 있는지 말해 보세요.

✎ 보통 선거, 평등 선거, 비밀 선거, 직접 선거 입니다.

05 만 18세 이상의 대한민국 국민은 모두 투표를 할 수 있다는 원칙은 무엇인가요?

✎ 보통 선거입니다.

06 선거 원칙에는 직접 선거, 보통 선거, 평등 선거, 비밀 선거가 있는데 그중 교육 정도나 재산에 상관없이 공평하게 한 표씩 투표하는 원칙은 무엇인가요?

✎ 평등 선거입니다.

07 투표한 사람이 어떤 후보나 정당을 선택했는지 다른 사람이 알지 못하게 하는 원칙은 무엇인가요?

✎ 비밀 선거입니다.

08 직접 선거에 대해 설명해 보세요.

✎ 선거권을 가진 국민이 직접 투표하여 자신의 대표를 뽑는 것을 말합니다.

09 선거일에 다른 일정으로 투표를 할 수 없는 사람들을 위해 미리 투표할 수 있도록 만든 제도는 무엇인가요?

✎ 사전투표제도입니다.

> **Level Up Tip**
> 사전투표는 일반적으로 선거일 5일 전에 시작해서 이틀 동안 실시된다.

10 선거 중 일어날 수 있는 부정행위를 방지하기 위해 감시하는 기관은 어디인가요?

✎ 선거관리위원회입니다.

11 국가권력이 특정 개인이나 집단에 집중되지 않도록 권력을 여러 기관으로 나누는 원칙은 무엇인가요?

✎ 권력분립의 원칙입니다.

12 다수결의 원칙을 설명해 보세요.

✎ 민주주의 사회의 의사결정 방법으로 의사결정을 할 때 더 많은 수의 사람이 원하는 의견을 채택하는 방법입니다.

13 한국은 국가권력을 세 기관에 나누어 놓고 있습니다. 이 제도는 무엇인지 말해 보세요.

✎ 삼권분립제도입니다. 입법부·행정부·사법부에 권력이 나눠져 있습니다.

Level Up Tip

> 입법부에서는 국민의 대표인 국회의원이 모여서 법을 만든다. 입법부에서 만든 법은 국가 운영의 기본 규칙이 된다. 행정부에서는 입법부에서 만든 법에 따라 국민을 위한 다양한 정책과 활동을 펼친다. 사법부에서는 재판을 할 때 입법부에서 만든 법을 해석하고 적용한다.

14 왜 삼권분립제도가 필요한지에 대해 설명해 보세요.

✎ 국가권력이 특정 개인이나 집단에 집중되면 국민을 위한 정치가 아닌 특정 개인이나 집단을 위한 정치가 이루어져 독재정치로 이어질 수 있습니다. 그렇기 때문에 권력을 나누어 서로 감시하고 견제하도록 해야 합니다.

15 국민의 의견에 근거하여 법을 수정하거나 법을 만드는 기관은 무엇인가요?

✏ 국회입니다.

Level Up Tip
입법부는 법을 만드는 역할을 담당한다. 한국 입법부의 명칭은 '국회'이다.

16 국민의 대표는 누구인가요?

✏ 국회의원입니다.

Level Up Tip
국회의원은 국민을 대표하므로 국회에서 국민의 의견을 반영하여 국민을 위한 법을 만든다.

17 법에 따라 국민에게 필요한 각종 정책을 시행하며 나라의 살림을 이끌어 가는 곳은 어디인가요?

✏ 행정부입니다.

18 5년에 한 번 선거로 선출되며 국가를 대표하는 최고 지도자는 누구인가요?

✏ 대통령입니다.

19 2024년 기준, 현재 한국의 대통령은 누구인가요?

✏ 윤석열 대통령입니다.

20 한국의 역대 대통령을 아는 대로 말해 보세요.

✎ 한국의 역대 대통령에는 이명박 전 대통령, 박근혜 전 대통령, 문재인 전 대통령이 있습니다.

Level Up Tip

한국의 역대 대통령
이승만 대통령, 윤보선 대통령, 박정희 대통령, 최규하 대통령, 전두환 대통령, 노태우 대통령, 김영삼 대통령, 김대중 대통령, 노무현 대통령, 이명박 대통령, 박근혜 대통령, 문재인 대통령, 윤석열 대통령

21 대통령이 집무를 보는 곳은 어디인가요?

✎ 현재 대통령이 집무를 보는 곳은 서울시 용산구에 있습니다.

Level Up Tip

예전에는 청와대에서 대통령이 집무를 보았으나 현재 대통령 집무실은 서울시 용산구에 있다. 2022년 5월 10일부로 청와대가 국민들에게 개방이 되면서 많은 사람의 발걸음이 이어지고 있다.

22 대통령을 도와 행정부의 2인자 역할을 하는 사람은 누구인가요?

✎ 국무총리입니다.

23 외국과의 무역이나 조약 체결 등의 일을 하는 행정 부처는 어디인가요?

✎ 외교부입니다.

24 검찰, 형벌 집행, 인권 옹호, 출입국 관리 등의 일을 하는 행정 부처는 어디인가요?

✎ 법무부입니다.

25 정치적으로 생각이 비슷한 사람들이 모여서 만든 자발적 단체는 무엇인가요?

✎ 정당입니다.

26 대통령이 다른 나라의 정상들과 회의하는 것을 무엇이라고 하나요?

✎ 정상회의입니다.

27 서로의 의견이 맞지 않아 법적 다툼이 발생했을 때 이를 해결해 주는 국가 기관은 어디인가요?

✎ 법원입니다.

Level Up Tip

사법부는 법을 해석하고 적용하여 법적 다툼을 해결하고 사회 질서를 유지하는 기능을 한다. 대한민국의 사법부는 '법원'이다. 법원에는 지방법원, 고등법원, 대법원이 있고 청소년이나 가족과 관계된 재판을 하는 가정법원이 있다.

28 법원에서 재판의 모든 과정을 진행하고 최종 판결을 내리는 사람은 누구인가요?

✎ 판사입니다.

29 여러 가지 법률이나 정책이 헌법에 어긋나는지를 살펴보는 기관으로 헌법을 해석하고 그에 따른 판단을 하는 곳은 어디인가요?

✎ 헌법재판소입니다.

> **Level Up Tip**
> 헌법재판소는 9명의 헌법재판관으로 구성되어 있다.

30 각 지역에서 그 지역의 대표를 뽑아 자체적으로 법을 제정하고 시행하는 제도는 무엇인가요?

✎ 지방자치제도입니다.

31 한국의 행정 구역인 '도'를 2가지 이상 말해 보세요.

✎ 한국에는 경기도, 충청북도, 충청남도 등 총 6개의 도가 있습니다.

> **Level Up Tip**
> 한국의 광역자치단체 중 도는 6개가 있는데 '경기도, 충청북도, 충청남도, 전라남도, 경상북도, 경상남도'이다. 제주도와 강원도, 전라북도는 '제주특별자치도, 강원특별자치도, 전북특별자치도'로 특별자치도에 속한다.

32 한국의 광역시에 대해 말해 보세요.

✎ 한국의 광역시로는 부산, 인천, 대구, 대전, 광주, 울산이 있습니다.

33 헌법에 나오는 한국 국민의 기본권에 대해 말해 보세요.

✎ 한국 국민의 기본권에는 자유권, 평등권, 사회권, 참정권, 청구권이 있습니다.

Level Up Tip

국민의 기본권
- 자유권: 국가 권력에 의해 개인의 자유를 함부로 제한받거나 간섭받지 않을 권리
- 평등권: 성별, 종교, 신분, 인종 등 어떤 이유로도 부당하게 차별받지 않을 권리
- 사회권: 인간다운 생활에 필요한 최소한의 수준을 보장받을 권리
- 참정권: 정치에 참여할 수 있는 권리
- 청구권: 국가에 대해 일정한 요구를 할 수 있는 권리

34 한국 국민의 4대 의무를 말해 보세요.

✎ 한국 국민의 4대 의무는 납세의 의무, 국방의 의무, 교육의 의무, 근로의 의무입니다.

Level Up Tip

국민의 4대 의무
- 납세의 의무: 세금을 납부할 의무
- 국방의 의무: 나라의 안전을 위해 국방에 기여할 의무
- 교육의 의무: 일정 연령의 자녀를 학교에 보낼 의무
- 근로의 의무: 자신의 능력 내에서 정당한 근로를 할 의무

35 참정권에 대해 설명해 보세요.

✎ 대통령이나 국회의원을 뽑기 위해 직접 선거를 하는 등 국민이 정치에 참여할 수 있는 권리를 말합니다.

36 한국 국민은 언론, 종교, 신체, 주거 이전의 자유 등이 있는데 이것은 어떤 권리인가요?

✎ 자유권입니다.

37 한국 국민은 최소 중학교까지 9년 동안 학교에 다녀야 합니다. 이것은 어떤 의무인가요?

✎ 교육의 의무입니다.

38 한국은 외국인에게도 투표할 권리를 주는데, 어떤 외국인에게 주나요?

✎ 영주권을 취득한 후 3년이 지난 만 18세 이상의 외국인 중 지방자치단체의 외국인등록대장에 올라 있는 사람들에게 지방선거투표권을 주고 있습니다.

04 제도와 생활

01 외국인이 한국에 들어오면 출입국·외국인청에서 발급받는 것은 무엇인가요?

✎ 외국인등록증입니다.

Level Up Tip

대한민국에 90일 이상 거주하려는 외국인은 한국 체류 90일 이내에 관할 출입국·외국인청에 가서 외국인등록증을 신청해야 한다.

02 세금에 관한 모든 것을 관리하는 기관은 어디인가요?

✎ 국세청입니다.

03 한국에서 직장에 다니면 월급에 따라 세금을 내야 합니다. 이 세금은 무엇인가요?

✎ 소득세입니다.

04 한국의 4대 사회보험에는 무엇이 있는지 말해 보세요.

✎ 한국의 4대 사회보험에는 건강보험, 고용보험, 국민연금, 산업재해보상보험이 있습니다.

Level Up Tip

4대 사회보험
- 건강보험: 의료비의 일부를 지원받는 보험
- 고용보험: 회사에서 해고되었을 때, 일정 기간 지원을 받을 수 있는 보험
- 국민연금: 나이가 많아 돈을 벌기 어려울 때, 일정 금액의 생활비를 지급받는 보험
- 산업재해보상보험(산재보험): 직장에서 일하다가 사고로 다쳤을 때 보상을 받을 수 있는 보험

05 큰 금액의 현금 대신 사용할 수 있도록 은행에서 발급해 주는 것은 무엇인가요?

✏️ 수표입니다.

06 학교나 지방자치단체의 교육을 관리하는 기관은 어디인가요?

✏️ 교육청입니다.

07 금융 거래를 할 때 본인 이름으로만 거래할 수 있으며, 다른 사람의 이름으로 거래할 수 없게 하는 제도는 무엇인가요?

✏️ 금융실명제입니다.

08 임신, 출산, 양육에 필요한 비용과 취학 전 아동의 보육료, 유아 학비 결제 시 지원을 해 주는 복지제도는 무엇인가요?

✏️ 국민행복카드입니다.

> **Level Up Tip**
> 국민행복카드는 건강보험에 가입한 임산부에게 임신, 출산, 양육에 필요한 비용을 지원하고 취학 전 아동에게 유아 학비와 보육비를 지원해 주는 등의 복지제도를 이용할 수 있다.

09 운전면허증을 분실했을 때 어떻게 해야 하는지 설명해 보세요.

✎ 경찰서나 운전면허시험장에 가서 재발급을 받을 수 있습니다. 요즘은 인터넷으로도 재발급 신청을 할 수 있습니다.

10 한국의 의무교육 기간은 모두 몇 년인가요?

✎ 초등학교 6년, 중학교 3년으로 총 9년입니다.

11 금융회사 등으로 사칭해 전화를 걸어 개인정보를 알아내거나 송금을 요구하는 금융 사기는 무엇인가요?

✎ 보이스피싱입니다.

Level Up Tip
보이스피싱으로 피해를 당했을 경우 경찰청 112 또는 금융회사 콜센터로 전화해서 바로 신고한다.

12 한국에서는 사람들이 안심하고 예금을 할 수 있도록 예금자보호제도를 시행하고 있는데, 이때 보장받을 수 있는 최대 금액은 얼마인가요?

✎ 5천만 원입니다.

Level Up Tip
원금과 이자를 합쳐 금융기관별로 1인당 최대 5천만 원까지 보호받을 수 있다.

13 법적으로 침해를 당해 피해를 입었을 경우 어떻게 처리해야 하는지 설명해 보세요.

✎ 소송을 하거나 대한법률구조공단의 도움을 받을 수 있습니다.

Level U︎P Tip
대한법률구조공단은 법률 지식이 부족하면서 경제적으로 생활이 어려워 법의 보호를 충분히 받지 못하는 사람들에게 법률 상담이나 변호사 선임 등 법률적 지원을 해 주는 공공기관이다.

14 한국의 대학 입학 시험에 대해 설명해 보세요.

✎ 한국의 대학 입학 시험은 대학수학능력시험(수능)이고, 1년에 한 번 11월에 치릅니다.

15 소비자의 권리를 위해 상품이 생산된 곳을 표시하는 제도는 무엇인가요?

✎ 원산지표시제입니다.

Level U︎P Tip
소비자를 보호하기 위한 제도
- 원산지표시제: 상품이 생산된 곳을 표시하는 제도
- 소비기한표시제(유통기한표시제): 상품이 안전하게 소비될 수 있는 기한을 표시하는 제도
- 제조물책임법: 제조업자가 상품에 대한 책임을 지는 제도
- 리콜제도: 생산자가 소비자에게 상품의 문제를 알려 주고, 그 상품을 수리·교환해 주는 제도

16 집을 계약하기 전에 반드시 확인해야 하는 것은 무엇인가요?

✎ 등기부 등본입니다.

Level U︎P Tip
등기부 등본은 부동산에 대한 권리 관계가 적혀 있는 서류로 현재 집의 소유주가 누군지, 은행 빚은 없는지 등을 확인할 수 있다.

17 계약직, 임시직, 일용직 등을 뜻하며 정규직보다 불리한 대우를 받을 수 있는 고용 형태는 무엇인가요?

✎ 비정규직입니다.

18 금융기관과 거래할 때 거래 금액, 기간, 입출금 횟수 등에 제한 없이 자유롭게 거래할 수 있는 상품은 무엇인가요?

✎ 보통예금입니다.

Level Up Tip
대표적 저축 상품
- 보통예금은 자유롭게 거래할 수 있지만 금리가 매우 낮다.
- 정기적금은 일정한 금액을 정기적으로 입금하고 만기일에 원금과 이자를 한꺼번에 받는다.
- 정기예금은 큰 금액을 한꺼번에 예금한 후 일정 기간이 지난 후에 받는다.

19 간첩 신고 전화번호는 몇 번인가요?

✎ 111이나 113입니다.

Level Up Tip
긴급 신고 전화번호
- 간첩 신고: 111, 113
- 범죄 신고: 112
- 화재, 구급, 응급 신고: 119

20 환경 오염을 막으려면 어떻게 해야 하는지 설명해 보세요.

✎ 일회용품의 사용을 줄이고 재활용이 가능한 쓰레기는 분리수거를 해야 합니다. 또 가까운 거리는 걸어서 다니고, 자가용보다는 대중교통을 이용해야 합니다. 샴푸나 세제도 적당량을 사용해야 합니다.

21 한국의 기본질서에 대해 설명해 보세요.

✎ 공공시설은 차례를 지켜 깨끗하게 사용해야 합니다. 담배는 정해진 흡연 장소에서만 피우고, 다른 사람에게 피해를 주지 않도록 해야 합니다.

> **Level Up Tip**
>
> 한국의 기본질서
> - 자동차를 운전할 때는 안전벨트를 꼭 매고, 제한 속도를 지켜 운전한다.
> - 음주운전을 절대로 하면 안 되고, 주차는 정해진 장소에 한다.
> - 반려견을 데리고 외출할 때는 반드시 목줄을 하고 배설물을 잘 치운다.
> - 바른말 사용하기 등 온라인 예절을 지킨다.

22 대중교통을 이용할 때 지켜야 할 질서에 대해 설명해 보세요.

✎ 지하철에서는 내리는 사람이 먼저 내린 후에 탑니다. 버스에서는 앞문으로 승차하고 뒷문으로 하차합니다. 차내에서 음식을 먹거나 쓰레기를 버리면 안 됩니다. 또한 큰 소리로 떠들거나 뛰지 않습니다. 그리고 잡상인이 파는 물건을 사지 않습니다.

23 교통카드에 대해 설명해 보세요.

✎ 대중교통을 이용할 때 교통비를 낼 수 있는 카드입니다. 대중교통을 갈아탈 때 교통카드를 이용하면 환승할인을 받을 수 있어 편리하고 경제적입니다.

24 한국에서 가장 긴 고속도로는 무엇인가요?

✎ 경부고속도로입니다.

25 한국의 방송사 이름을 말해 보세요.

✎ KBS, MBC, SBS, EBS입니다.

Level Up Tip

KBS, MBC, SBS, EBS는 한국의 공중파 채널이며, EBS는 교육관련 프로그램을 방송하고 있다.

26 대학수학능력시험처럼 중요한 시험이 있을 때 주로 무엇을 선물하나요?

✎ 찹쌀떡, 엿, 포크, 휴지, 거울 등을 선물합니다.

Level Up Tip

시험과 관련된 선물의 의미
- 찹쌀떡, 엿: 시험에 합격하세요.
- 포크: 모르는 문제가 나오면 잘 찍으세요.
- 휴지: 시험 문제를 잘 푸세요.
- 거울: 시험을 잘 보세요.

27 한국 최초로 노벨평화상을 수상한 사람은 누구인가요?

✎ 김대중 전 대통령입니다.

28 백화점에서 아이를 잃어버렸을 때, 어떻게 해야 하는지 설명해 보세요.

✎ 먼저 주변을 확인해 본 뒤에 아이가 없으면 안내데스크에 가서 아이가 입고 있는 옷과 키나 몸무게 등의 특징을 말하며 방송을 부탁합니다. 그래도 못 찾으면 112에 전화해서 신고를 해야 합니다.

29 한국에서 취직을 하기 위해 갖추어야 하는 학력, 학점, 토익 점수 등의 이력을 뜻하는 말은 무엇인가요?

✎ 스펙입니다.

30 병원 진료를 받은 후에 약국에 가져가야 하는 것은 무엇인가요?

✎ 처방전입니다.

31 알고 있는 한국의 신문사 이름을 말해 보세요.

✎ 동아일보, 매일경제, 조선일보, 중앙일보 등이 있습니다.

32 2018년 동계올림픽이 개최된 곳은 어디인가요?

✎ 강원도 평창입니다.

33 감염병 예방을 위해 내가 실천할 수 있는 방법은 무엇인가요?

✎ 외출 후 집으로 돌아오면 손을 씻습니다. 기침이나 재채기를 할 경우 옷소매나 손수건, 휴지 등을 사용하여 입을 가립니다. 가급적 손으로 눈, 코, 입을 만지지 않습니다. 설사, 발열 등 몸에 이상이 생기면 즉시 의료기관에 방문합니다.

05 전통 문화

01 한국의 명절에 대해서 말해 보세요.

✎ 설날, 추석, 단오, 한식 등이 있습니다.

Level Up Tip

한국의 명절
- 설날: 음력 1월 1일로 차례를 지내고 웃어른께 세배를 하며 떡국을 먹음
- 추석: 음력 8월 15일로 한가위라고도 부른다. 송편을 먹고 차례를 지냄
- 단오: 음력 5월 5일로 여자는 창포물에 머리를 감고 그네를 타며, 남자는 씨름을 함
- 한식: 동지에서 105일째 되는 날로 불을 피우지 않고 찬 음식을 먹음

02 설날에 먹는 음식은 무엇인가요?

✎ 떡국입니다.

Level Up Tip

설날에는 떡국을 먹는데, 떡국은 흰 가래떡을 썰어서 끓인 음식이다. 가래떡의 긴 모양은 무병장수를 뜻하고 흰색은 한 해의 때를 벗고 깨끗해지라는 의미가 있다.

03 한가위라고도 하며 송편을 먹는 명절은 무엇인가요?

✏️ 추석입니다.

Level Up Tip
추석에는 한 해 동안 농사가 잘 되도록 도와준 조상에게 감사하는 의미로 햅쌀과 햇곡식으로 송편을 만들어 먹는다.

04 설날에 웃어른께 큰절을 올리는 것을 무엇이라고 하나요?

✏️ 세배입니다.

05 겨울철에 김장 김치를 보관하기 위해 땅에 파묻는 것은 무엇인가요?

✏️ 김칫독입니다.

Level Up Tip
김치냉장고가 없었던 예전에는 김장을 하면 땅 속에 항아리를 파묻고 이곳에 김치를 보관해서 겨울 내내 먹었다. 이를 김칫독이라고 한다.

06 밥에 여러 가지 나물과 고추장을 넣고 비벼서 먹는 음식은 무엇인가요?

✏️ 비빔밥입니다.

07 정월 대보름에 깨물어 먹는 음식으로 땅콩·잣·밤·호두 등을 통틀어 가리킵니다. 정월 대보름 이른 아침에 깨물면 일 년 내내 부스럼이 생기지 않는다는 이것은 무엇인가요?

✏️ 부럼입니다.

08 콩으로 만든 음식에 대해 말해 보세요.

✎ 콩으로 만든 음식에는 된장, 간장, 두부, 청국장 등이 있습니다.

09 닭에 인삼, 찹쌀, 대추, 마늘을 넣고 오랫동안 끓여서 먹는 한국의 전통 여름 보양식은 무엇인가요?

✎ 삼계탕입니다.

10 5가지 곡식으로 만든 밥을 오곡밥이라고 하는데 한국 사람들은 오곡밥을 언제 먹나요?

✎ 정월 대보름에 먹습니다.

11 명절이나 경사가 있는 날에 입는 한국의 전통 의상은 무엇인가요?

✎ 한복입니다.

Level Up Tip

한국 사람들은 설날이나 추석과 같은 명절 혹은 결혼식이나 돌잔치와 같은 특별한 날에 한복을 입는다.

12 한복을 입을 때 양말 대신 발에 신는 것은 무엇인가요?

✎ 버선입니다.

13 결혼식이 끝난 후 신랑, 신부가 시댁 가족에게 전통적인 방식으로 인사를 하는 것은 무엇인가요?

✎ 폐백입니다.

Level Up Tip
신랑과 신부는 결혼식이 끝난 후에 시댁 가족에게 한복을 입고 큰절을 하는데 이를 폐백이라고 한다. 이때 가족은 신랑과 신부에게 밤과 대추를 던져 주는데 이 행동에는 자식을 많이 낳고 잘 살라는 의미가 담겨 있다.

14 사람이 죽으면 죽은 사람에 대한 예를 갖추어 그 사람을 떠나 보내는 것을 무엇이라고 하나요?

✎ 장례식이라고 합니다.

Level Up Tip
요즘에는 주로 병원의 장례식장에서 장례를 치른다. 조문을 온 문상객들은 유족들을 위로하며 위로의 뜻으로 조의금(부의금, 부조금)을 낸다. 유족 중 남자는 검은색 양복을 입고 여자는 흰색이나 검은색 한복을 입는다.

15 설날, 추석과 같은 명절이나 부모, 조부모 등 조상이 돌아가신 날에 음식을 차려 놓고 조상을 추모하는 것은 무엇인가요?

✎ 제사입니다.

16 한국 전통 문화의 하나로 소리꾼과 북을 치는 사람이 음악적인 이야기를 엮어 가며 연기하는 장르는 무엇인가요?

✎ 판소리입니다.

17 판소리와 같이 전통 음악을 하는 사람을 무엇이라고 부릅니까?

✎ 국악인입니다.

18 북, 징, 장구, 꽹과리의 4가지 악기로 연주하는 놀이는 무엇인가요?

✎ 사물놀이입니다.

19 사람들이 양쪽으로 서서 밧줄을 잡고 서로 자기 쪽으로 당기는 놀이는 무엇인가요?

✎ 줄다리기입니다.

20 한국을 대표하는 운동으로 몸과 마음을 수련할 수 있으며 올림픽에도 정식으로 지정된 종목은 무엇인가요?

✎ 태권도입니다.

21 한국의 민요 중 '나를 버리고 가시는 님은 십 리도 못 가서 발병 난다.'라는 가사가 나오는 노래는 무엇인가요?

✎ 아리랑입니다.

22 두 사람이 모래판에서 샅바를 잡고 힘을 겨루어 넘어뜨리는 한국 전통 운동의 이름은 무엇인가요?

✎ 씨름입니다.

23 만 60세의 생일에 자녀들이 잔치를 열어 부모님이 오래 사시기를 기원하는 생일잔치는 무엇인가요?

✎ 환갑잔치입니다.

Level Up Tip
예전에는 60세가 되도록 오래 사는 사람이 많지 않아서 61세 생일이 되면 환갑잔치를 열었다.

24 아기가 태어난 지 1년이 되면 하는 생일잔치는 무엇인가요?

✎ 돌잔치입니다.

25 아이의 첫 번째 생일에 상 위에 여러 가지 물건을 올려놓고 아이에게 골라잡게 하는 일은 무엇인가요?

✎ 돌잡이입니다.

Level Up Tip
돌잡이 물건은 각각 뜻이 있어서 돌을 맞은 아이가 무엇을 잡는지에 따라 아이의 미래를 예상해 보기도 한다. 예를 들어 실을 잡으면 장수를 의미하고 돈을 잡으면 부를 의미한다.

26 남편의 결혼하지 않은 남동생을 어떻게 부르나요?

✎ 도련님이라고 부릅니다.

Level Up Tip
아내는 남편의 미혼인 남동생을 도련님, 기혼인 남동생을 서방님이라고 부른다.

27 남편 남동생의 아이와 나의 아이의 관계는 무엇인가요?

✎ 사촌입니다.

28 춘분, 하지, 추분, 동지에 대해 설명해 보세요.

✎ 24절기의 절기를 뜻합니다. 절기 중에서 춘분은 봄, 하지는 여름, 추분은 가을, 동지는 겨울 사계절을 말합니다. 춘분은 추운 겨울이 완전히 가고 따뜻한 봄이 되는 시기입니다. 하지는 낮의 길이가 가장 긴 시기입니다. 추분은 낮과 밤의 길이가 같아지는 시기입니다. 마지막으로 동지는 일 년 중 낮이 가장 짧고, 밤이 가장 긴 시기입니다.

06 문화유산

01 세계유산으로 등재된 한국의 문화유산을 2가지 이상 말해 보세요.

✏️ 석굴암과 불국사, 수원 화성 등이 있습니다.

> **Level Up Tip**
> 한국의 세계유산으로는 석굴암과 불국사, 해인사 장경판전, 종묘, 창덕궁, 수원 화성, 경주역사유적지구, 고창·화순·강화 고인돌 유적, 조선왕릉, 안동 하회마을과 경주 양동마을, 남한산성, 백제역사유적지구 등이 있다.

02 청동기 시대에 만들어진 족장의 무덤이며 세계유산으로 지정되어 보호받고 있는 것은 무엇인가요?

✏️ 고인돌입니다.

03 한국에서 제일 큰 섬으로, 한라산이 있으며 한국의 대표적 관광지로 손꼽히는 이곳은 어디인가요?

✏️ 제주도입니다.

04 조선 시대에 국가 행사의 내용을 그림과 문서로 기록한 것은 무엇인가요?

✏️ 조선왕조의궤입니다.

05 경주에 가면 볼 수 있는 신라 시대의 대표적인 문화재로서 세계유산으로 등재된 문화재를 말해 보세요.

✎ 불국사와 석굴암입니다.

06 인천에 위치하고 있으며, 다양한 철새가 서식하는 곳으로 유명한 갯벌은 어디인가요?

✎ 강화도 갯벌입니다.

Level Up Tip
인천광역시에 있는 강화도 갯벌은 세계 5대 갯벌 중 하나이다.

07 강원도의 대표적인 관광지를 말해 보세요.

✎ 강원도는 경포대와 낙산 해수욕장 등이 유명합니다.

Level Up Tip
동해안에는 아름다운 모래사장이 많아 해수욕장이 발달했다.

08 강원도에 관광산업이 발달한 이유를 설명해 보세요.

✎ 강원도는 날씨가 좋습니다. 여름에는 다른 곳보다 덥지 않아서 피서를 즐기기에 좋고, 겨울에는 눈이 많이 와서 스키 등의 겨울 스포츠를 즐기기에 좋습니다. 또한 바다와 산이 같이 있어서 여행하기 좋고, 다양한 축제와 유명한 관광지도 많습니다. 이처럼 강원도는 계절별로 놀거리나 볼거리가 많아 관광산업이 발달하게 되었습니다.

09 천연 석회암 동굴이 많은 지역은 어디인가요?

✏️ 충청북도 단양입니다.

> **Level Up Tip**
> 단양에는 고수동굴, 천동동굴과 같은 천연 석회암 동굴이 많다.

10 현재까지도 전통 가옥이나 마을의 모습 등이 잘 보존되어 있어 조선 시대의 문화를 볼 수 있는 곳은 어디입니까?

✏️ 안동 하회마을과 경주 양동마을입니다.

11 훈민정음에 대해 설명해 보세요.

✏️ 훈민정음은 조선 시대 왕인 세종이 문자가 없어 힘들어하는 백성들을 위해 만든 문자입니다. 오늘날에 과학성을 높이 평가받아 세계기록유산으로 등재되었습니다.

12 판소리 다섯 마당을 말해 보세요.

✏️ 춘향가, 심청가, 흥부가, 수궁가, 적벽가입니다.

13 남대문과 동대문의 옛 이름은 무엇인가요?

✏️ 숭례문과 흥인지문입니다.

14 여러 사람이 함께 동그랗게 서서 손을 잡고 빙빙 도는 한국의 전통 놀이는 무엇인가요?

✎ 강강술래입니다.

15 백제 시대의 문화 유적을 볼 수 있는 곳은 어디인가요?

✎ 백제의 옛 수도였던 충청남도 공주와 부여에 가면 백제 시대의 문화 유적을 볼 수 있습니다.

16 대한민국의 보물 1호이며 조선 시대의 성문 중 하나인 이것은 무엇인가요?

✎ 흥인지문입니다. 보통 동대문이라고 합니다.

17 남대문에 대해 설명해 보세요.

✎ 남대문은 대한민국의 국보 1호이며, 조선 시대의 성문입니다. 숭례문이라고도 합니다.

18 고려 시대의 뛰어난 도자기 공예 기술을 볼 수 있는 공예품은 무엇인가요?

✎ 고려청자입니다.

19 조선의 역대 임금과 다방면의 역사적 사실들을 기록해 놓은 책은 무엇인가요?

✏️ 조선왕조실록입니다.

20 문화재를 관람하러 박물관에 갈 때 주의해야 할 점에 대해 설명해 보세요.

✏️ 박물관 안에서 시끄럽게 떠들거나 뛰어다니지 않습니다. 음식을 먹거나 담배를 피우면 안 됩니다. 또한 반려동물을 데리고 들어갈 수 없고, 마음대로 사진을 찍거나 전시된 문화재를 만져서도 안 됩니다.

07 남북통일

01 남한은 민주주의 국가입니다. 북한은 어떤 국가인가요?

✏️ 공산주의 국가입니다.

02 광복 직후 미국, 영국, 소련 대표들은 모스크바 3국 외상 회의에서 한반도에 임시정부를 수립하고 최고 5년 동안 한반도를 남과 북으로 나누어 미국과 소련이 다스리기로 했으나 실제로 이루어지지 않았습니다. 이것은 무엇인가요?

✏️ 신탁통치입니다.

> **Level Up Tip**
> 다른 사람이나 다른 나라가 다스릴 수 있도록 믿고 맡기는 것을 신탁통치라고 한다.

03 1950년 남한과 북한은 6·25 전쟁을 치르게 됩니다. 이 전쟁은 남한과 북한 중에서 어느 쪽이 일으킨 전쟁인가요?

✎ 북한이 남한을 침략한 전쟁입니다.

04 북한의 공산군이 남한을 기습 공격하여 한반도에 전쟁이 일어났는데, 이 전쟁이 일어난 연도와 날짜를 말해 보세요.

✎ 1950년 6월 25일입니다.

05 6·25 전쟁과 관련된 것을 2가지 이상 말해 보세요.

✎ 휴전선과 판문점, 현충일, 이산가족 등이 있습니다.

Level Up Tip

6·25 전쟁
- 휴전선: 1953년 7월 27일, 6·25 전쟁이 휴전된 후 남한과 북한 사이에 만들어진 경계선
- 판문점: 경기도 파주에 위치한 비무장지대 군사 분계선에 있는 공동경비구역
- 현충일: 6월 6일로 나라를 위해 목숨을 바친 순국선열을 추모하는 날
- 이산가족: 6·25 전쟁으로 헤어져서 만나지 못하고 서로의 소식을 모른 채 살아가는 가족

06 1953년 7월 27일에 정전 협정을 한 곳은 어디인가요?

✎ 판문점입니다.

07 남북 관계를 악화시킨 사건에 대해 말해 보세요.

✎ 천안함 피격 사건, 연평도 포격 사건, 북한의 핵실험 및 장거리 미사일 실험, 남북공동연락사무소 폭파 등이 있습니다.

> **Level Up Tip**
>
> 2002년 서해에서 남북한 해군 교전
> 2006년 북한 제1차 핵실험 실시
> 2009년 북한 제2차 핵실험 실시
> 2010년 천안함 피격, 연평도 포격 사건 발생
> 2013년 북한 제3차 핵실험 실시
> 2016년 북한 제4, 5차 핵실험 실시, 장거리 미사일 발사, 개성공단 폐쇄
> 2017년 북한 제6차 핵실험 실시
> 2019년 제2차 하노이 북미정상회담 결렬, 창린도 해안포 사격
> 2020년 비무장지대 감시초소(GP) 총격 사건, 한국 공무원 해상 피격, 남북공동연락사무소 폭파
> 2022년 북한 소형 무인기 비행 금지 구역 침범
> 2024년 경의선·동해선 철도와 도로 일부 폭파, 대남 쓰레기 풍선 살포

08 남북 관계를 개선시키기 위한 노력에 대해 말해 보세요.

✏️ 남한의 물자지원, 금강산 관광, 개성공단 건설, 남북정상회담, 남북 고위급 접촉 합의 등이 있습니다.

Level Up Tip

1984년	남한의 홍수 피해에 대한 북한의 물자 지원
1995년	북한의 식량난 해결을 위한 남한의 쌀 지원
1998년	금강산 관광 시작
2000년	남북정상회담 개최 (김대중 전 대통령-김정일 전 국방위원장)
2007년	남북정상회담 개최 (노무현 전 대통령-김정일 전 국방위원장)
2018년	남북정상회담 개최 (문재인 전 대통령-김정은 국무위원장)

09 남북분단으로 인한 문제점에 대해 설명해 보세요.

✏️ 남북분단으로 수많은 이산가족이 발생하였고, 남한과 북한 사람들 사이의 교류 단절로 민족적 정체성도 약화되었습니다. 또한 긴장과 대립 속에서 남북한 모두 막대한 국방비를 지출하고 있으며 전쟁에 대한 불안감이 사라지지 않고 있습니다.

10 남북통일이 되면 어떤 점이 좋은지에 대해 설명해 보세요.

✏️ 통일이 되면 이산가족의 고통이 해소되고, 국방비로 쓰이는 막대한 세금을 더 좋은 곳에 쓸 수 있습니다. 또한 남한의 자본과 기술력, 북한의 자원과 노동력을 결합하여 경제적 성장을 이룰 수 있습니다.

11 한국과 밀접한 관계에 있는 주변 4개 국가를 말해 보세요.

✎ 미국, 중국, 러시아, 일본입니다.

12 한국의 우방국가로서 경제적, 정치적, 군사적으로 긴밀한 관계를 맺고 있는 나라는 어디인가요?

✎ 미국입니다.

Level Up Tip
미국은 6 · 25 전쟁 때 한국을 지원하였으며 전쟁 피해 복구 및 나라 재건 과정에서 여러 가지 경제적 지원을 해 주었다. 또한 현재까지도 군사적으로 긴밀한 관계를 맺고 있으면서 경제적, 정치적, 문화적 면에서 많은 교류를 하고 있는 나라이다.

13 예전부터 한국에 유교, 한자, 불교 등 문화적으로 큰 영향을 준 나라는 어디인가요?

✎ 중국입니다.

14 지리적으로 한국과 가까이 있고, 독도 문제로 분쟁이 있는 나라는 어디인가요?

✎ 일본입니다.

15 6·25 전쟁 당시에는 북한을 지원하였으나 현재는 한국과 우호적인 관계를 유지하면서 에너지, 자원, 기술 부문에서 교류하고 있는 나라는 어디인가요?

✏️ 러시아입니다.

16 6·25 전쟁이 끝난 후 남한과 북한 사이에 만들어진 분계선은 무엇인가요?

✏️ 휴전선입니다.

17 북한의 최고지도자와 남북정상회담을 한 한국의 대통령을 모두 말해 보세요.

✏️ 김대중·노무현·문재인 전 대통령입니다.

08 자유 주제 및 개인 질문

01 이름은 무엇인가요?

✏️ 제 이름은 _____입니다.

02 고향은 어디인가요?

✏️ 제 고향은 베트남 호치민입니다.

> **Level Up Tip**
> '제 고향은'으로 시작해서 나라와 지역을 같이 말한다.

03 부모님의 성함은 무엇인가요?

✏️ 제 아버지의 성함은 _____이고, 제 어머니의 성함은 _____입니다.

04 가족이 어떻게 되나요?

✏️ 남편/아내와 아들, 딸 그리고 저 이렇게 네 명입니다.

> **Level Up Tip**
> 어른과 함께 살고 있으면 어른을 먼저 말한다.
> 예 시어머니, 남편, 아들, 딸 그리고 저 이렇게 다섯 명입니다.

05 남편/아내의 이름은 무엇인가요?

✏️ 제 남편/아내의 이름은 _____입니다.

> **Level Up Tip**
> 이름을 말할 때 '제 이름은', '제 남편/아내의 이름은'으로 시작하고 '-입니다'로 끝낸다.

06 남편/아내의 직업은 무엇인가요?

✏️ 제 남편/아내는 회사원입니다.

> **Level Up Tip**
> 구체적인 직업의 이름을 말하거나 하는 일을 설명해도 된다.
> 예 제 남편은 휴대폰 공장에서 휴대폰을 만듭니다.

07 _____ 씨는 무슨 일을 하나요?

✏️ 저는 지금 한국어를 공부하면서 집에서 살림을 합니다. 국적을 받으면 한국 회사에서 일하고 싶습니다.

08 자녀의 이름은 무엇인가요? 그리고 몇 살인가요?

✎ 제 아들의 이름은 _____이고, 열 살입니다. 그리고 제 딸의 이름은 _____이고 일곱 살입니다.

09 지금 살고 있는 곳의 주소를 말해 보세요.

✎ 제가 살고 있는 곳의 주소는 _____입니다.

> **Level Up Tip**
> 외국인등록증에 나와 있는 주소를 정확하게 말한다.

10 왜 한국 국적을 받으려고 하나요?

✎ 저는 한국에서 사는 것이 좋습니다. 가족과 한국에서 행복하게 살고 싶습니다.

11 한국에 온 지 얼마나 되었나요?

✎ 한국에 온 지 ___년 되었습니다.

> **Level Up Tip**
> 한국에 온 구체적인 시기를 이야기해도 된다.
> 예 한국에 ○○○○년 ○○월에 왔습니다.

12 _____ 씨가 한국에서 자주 만나는 사람은 누구인가요?

✎ 한국어를 같이 공부한 친구를 자주 만납니다. 베트남 사람 _____입니다.

13 한국에 와서 가 본 곳을 말해 보세요.

✎ 한국에 와서 명동과 남산타워에 가 봤습니다. 남산타워에 올라가서 서울을 보니 정말 아름다웠습니다. 그리고 월미도에도 가 봤습니다.

Level Up Tip
관광지가 아니어도 가 본 곳 중에 좋았던 곳을 말해도 된다.

14 좋아하는 텔레비전 프로그램이 있나요?

✎ 네, 저는 한국 드라마를 좋아해서 자주 봅니다. ____을/를 재미있게 봤습니다.

15 가장 좋아하는 한국 음식은 무엇인가요?

✎ 제가 가장 좋아하는 한국 음식은 비빔밥입니다. 비빔밥은 여러 가지 채소를 먹을 수 있고 많이 맵지 않아서 좋습니다.

Level Up Tip
좋아하는 한국 음식과 그 이유를 같이 말한다.

16 한국에 와서 제일 좋은 점은 무엇인가요?

✎ 인터넷이 빠르고 편리합니다. 대중교통도 편리해서 아주 좋습니다. 또한 교육 환경도 좋아서 아이들을 키우기에 정말 좋습니다.

Level Up Tip
평소에 생각했던 한국의 좋은 점이나 한국에 와서 좋은 점을 이야기한다.

17 고향에서 어디까지 학교를 다녔나요? 한국에서 학교에 다닌 적이 있나요?

✎ 고향에서 고등학교까지 공부했습니다. 한국에서는 한국어를 배우러 센터에 다닌 적이 있습니다.

> **Level Up Tip**
> 고향에서 대학교까지 공부했으면 대학교에서 공부한 전공도 함께 이야기한다.
> 예 대학교에서 경영학을 전공했습니다.

18 평소에 주로 사용하는 교통수단은 무엇인가요?

✎ 저는 평소에 주로 버스를 탑니다. 버스는 이용하기 편리하고 핸드폰으로 버스 정보를 확인할 수 있어서 오래 기다리지 않고 탈 수 있습니다.

> **Level Up Tip**
> 지하철은 막히지 않고 이동시간이 일정해서 출퇴근하기에 좋다는 장점이 있다.

19 장을 보러 주로 가는 곳은 어디인가요?

✎ 저는 장을 보러 주로 집 근처 시장에 갑니다. 시장은 물건 값이 싸고 여러 가지 물건이 많습니다. 그리고 시장 사람들이 친절해서 좋습니다.

> **Level Up Tip**
> 마트는 주차하기 편리하고 쇼핑을 하거나 밥을 먹을 수도 있어서 가족과 같이 가면 좋다.

20 주말에는 보통 무엇을 하나요?

✎ 저는 주말에 보통 가족과 시간을 보냅니다. 시부모님 댁에도 가고 가족과 함께 공원에도 갑니다. 그리고 고향에 계신 부모님께 전화도 합니다.

21 고향에서 가족이나 친구가 한국에 놀러 오면 소개하고 싶은 곳은 어디인가요?

저는 한국에 놀러 온 가족이나 친구들에게 부산을 소개하고 싶습니다. 부산은 한국에서 두 번째로 큰 도시이며 신선한 해산물이 가득한 자갈치시장과 아름다운 바다 경치를 볼 수 있는 해운대, 태종대 등이 있습니다. 또한 가을마다 부산국제영화제도 열리고 있습니다. 이처럼 부산은 볼거리와 먹을거리가 아주 많아 가족이나 친구가 좋아할 것 같습니다.

제 4 장 실전 모의평가

출제포인트 기출 동형의 모의평가입니다. QR코드의 mp3 파일로 제공되는 음성을 통해 실전처럼 연습할 수 있습니다. 문제를 듣고 파일을 일시정지 한 후, 대답해 보는 방법으로 연습해 봅시다.

※ 휴대폰으로 QR코드를 찍으면 실전 모의평가 1회의 문제를 들으실 수 있습니다.

1회 실전 모의평가   모범 답안 p.167

01 한국을 대표하는 것을 3가지 이상 말해 보세요.

02 한국의 동전 중 백 원에 새겨진 인물은 누구인가요?

03 고조선은 한반도에 세워진 최초의 국가입니다. 고조선을 건국한 사람은 누구인가요?

04 1936년 베를린 올림픽에 출전해 마라톤에서 금메달을 딴 사람은 누구인가요?

05 국민이 투표로 대통령이나 국회의원을 뽑는 것은 무엇인가요?

06 한 사건에 대해서 3번까지 재판을 할 수 있는데, 최종 판결을 내리는 최고법원은 어디인가요?

07 대통령이 임기 중에 돌아가시거나 어떤 일로 인해 업무를 볼 수 없을 때 대통령을 대신하여 사무를 보는 사람은 누구인가요?

08 대중교통을 이용할 때 지켜야 할 질서에 대해 말해 보세요.

09 일제강점기에 한국에 있었던 대표적인 독립운동에 대해 말해 보세요.

10 음력 1월 1일은 무슨 날인가요?

11 한국의 전통 무예를 바탕으로 한 운동으로, 손과 발을 사용해서 상대방과 겨루는 운동은 무엇인가요?

12 한국에서 제일 긴 고속도로는 무엇인가요?

13 한국의 4대 보험에 대해 말해 보세요.

14 남한과 북한이 휴전을 하기로 약속한 장소는 어디인가요?

15 한국과 군사적, 정치적, 경제적으로 밀접한 관계를 맺고 있는 대표적인 우방국가는 어디인가요?

2회 실전 모의평가

01 광복절, 3·1절 등 국경일에 부르는 노래는 무엇인가요?

02 현재 일본과 영토 분쟁이 있는 한국의 섬은 어디인가요?

03 한국의 대통령 중 노벨평화상을 받은 대통령은 누구인가요?

04 삼국 시대에 어떤 나라들이 있었는지 말해 보세요.

05 조선 시대에 억울한 일을 당한 백성들이 왕에게 억울함을 알리기 위해 두드리던 북은 무엇인가요?

06 국가에 세금을 납부할 의무는 무엇인가요?

07 선거에서 당선된 대통령이 포함된 당을 여당이라고 한다면 다른 당은 무엇이라고 하나요?

08 한국의 광역시 6개를 모두 말해 보세요.

09 등기부 등본에 대해 설명해 보세요.

10 매년 음력 8월 15일로 한가위라고 부르기도 하는 명절의 이름은 무엇인가요?

11 돌아가신 조상을 추모하는 것으로 설날이나 추석에 지내는 제사는 무엇인가요?

12 한국에서 제일 큰 섬은 어디인가요? 그곳에 있는 산의 이름도 말해 보세요.

13 경주에 가면 볼 수 있는 대표적인 문화재를 말해 보세요.

14 6·25 전쟁에 대해 설명해 보세요.

15 통일을 위해 어떤 노력을 해야 하는지 말해 보세요.

3회 실전 모의평가
모범 답안 p.176

01 오만 원권 지폐에 실린 사람은 누구인가요?

02 현충일의 국기 게양법에 대해 설명해 보세요.

03 한국을 '코리아'라고 하는데, 그 이유는 무엇인지 설명해 보세요.

04 세종대왕이 비의 양을 측정하기 위해 만든 기구는 무엇인가요?

05 국민의 4대 의무에 대해 말해 보세요.

06 고려 시대에 몽골이 침입하였을 때, 부처님의 힘으로 몽골을 물리치기 위해 만든 것으로 유네스코 세계기록유산 중 하나인 이것은 무엇인가요?

07 법을 지키는 사람이 없다면 어떻게 될지 설명해 보세요.

08 환경 오염을 막기 위해 우리가 해야 할 일을 말해 보세요.

09 추석에는 어떤 음식을 먹나요?

10 겨울 동안 먹을 김치를 초겨울에 많이 담그는 것은 무엇인가요?

11 고향에서 친구나 가족이 한국에 놀러 온다면 같이 가고 싶은 곳은 어디인가요?

12 조선 시대의 문화유산이 잘 보존되어 있는 안동의 역사적인 마을은 어디인가요?

13 강원도의 대표적인 관광지를 말해 보세요.

14 한국과 무역을 제일 많이 하는 나라는 어디인가요?

15 독도가 일본 땅이라고 알고 있는 친구에게 어떻게 설명해야 하나요?

4회 실전 모의평가

01 10월 9일은 무슨 날인가요?

02 3·1절에 대해 설명해 보세요.

03 이순신 장군과 권율 장군은 어떤 전쟁에서 승리를 했나요?

04 한글학회에서 활동한 '주시경'의 업적은 무엇인가요?

05 국민이 국가의 주인이고, 국민을 위한 정치가 이루어지는 제도는 무엇인가요?

06 한국에서는 누구나 행복을 누릴 권리가 있나요? 있다면 그 근거는 무엇인가요?

07 국민의 일자리 환경을 좋게 만들기 위해 노력하는 중앙행정기관은 어디인가요?

08 한국의 특별자치도는 어디인가요?

09 금융실명제는 어떤 제도인가요?

10 추석에 여자들이 한복을 입고 동그랗게 서서 돌며 뛰노는 전통 놀이는 무엇인가요?

11 비빔밥을 만드는 방법을 설명해 보세요.

12 세계 5대 갯벌 중 하나로 다양한 철새를 볼 수 있는 인천광역시의 갯벌은 어디인가요?

13 충청남도 공주와 부여에서 볼 수 있는 문화재에는 어떤 것이 있나요?

14 남한과 북한의 분단을 상징하는 것에는 무엇이 있나요?

15 6·25 전쟁 때는 한국과 적대국이었지만 지금은 한국과 기술, 에너지, 자원 등 여러 부문에서 협력하고 있는 나라는 어디인가요?

5회 실전 모의평가

모범 답안 p.183

01 만 원권 지폐에 실린 사람은 누구인가요?

02 한국의 헌법이 최초로 반포된 것을 기념하는 날은 무엇인가요?

03 한국 역사상 가장 넓은 영토를 차지한 왕은 누구인가요?

04 이성계가 지금의 서울을 수도로 하여 세운 나라는 무엇인가요?

05 한국에서 모든 법의 기준이 되는 법은 무엇인가요?

06 돈이 많은 민수와 돈이 없는 영희가 똑같이 한 표를 투표합니다. 이것을 무슨 선거라 하나요?

07 외국인이 90일을 초과하여 한국에 체류하려고 할 때 출입국·외국인청에서 발급 받아야 하는 것은 무엇인가요?

08 국민행복카드에 대해 설명해 보세요.

09 아이의 첫 번째 생일을 축하하는 잔치를 무엇이라고 하나요?

10 돌잔치에서 아이에게 주는 선물은 무엇인가요? 왜 그 선물을 주나요?

11 한국의 세계유산을 아는 대로 말해 보세요.

12 강원도에 아름답고 유명한 관광지가 많은 이유를 설명해 보세요.

13 2018년에 북한과 남북정상회담을 한 한국의 대통령은 누구인가요?

14 한국과 밀접한 관계가 있고, 한자, 유교, 불교 등 문화적으로 많은 교류를 해 왔으며 현재 한국의 주요 교역국인 나라는 어디인가요?

15 조선 시대 제주도에 흉년이 들자 자신의 돈으로 쌀을 사서 제주도 백성을 구한 사람은 누구인가요?

6회 실전 모의평가

01 대한민국 국민의 권리에는 무엇이 있는지 말하고 그중 2개를 설명해 보세요.

02 한국의 천 원권 지폐에 등장하는 인물은 누구인가요?

03 1932년 중국 상하이에서 일본군의 승리를 축하하기 위해서 많은 일본인이 훙커우 공원에 모였는데 이때 공원에 들어가 단상에 폭탄을 던진 독립운동가는 누구인가요?

04 모든 금융 거래를 할 때 본인의 이름으로만 하도록 한 제도는 무엇인가요?

05 10월 3일은 무슨 날인가요?

06 해동성국이라고 불리는 나라의 이름은 무엇인가요?

07 보통 선거의 의미를 설명해 보세요.

08 스스로 생계를 유지할 능력이 없거나 생활이 어려운 저소득층에게 국가나 지방자치단체가 교육, 주거, 의료 등 기본 생활을 보장해 주는 제도는 무엇인가요?

09 프랑스어로 한국을 꼬레(Corée)라고 하는데 한국의 정식 국호는 무엇인가요?

10 초등학교, 중학교, 고등학교, 대학교 및 평생 교육 등에 관한 일을 담당하는 중앙 행정기관은 어디인가요?

11 북한이 남한을 침략해서 일어난 전쟁을 무엇이라고 부르며, 언제 일어났나요?

12 훈민정음은 무슨 뜻인가요?

13 근로자의 기본 생계를 유지할 수 있도록 임금으로 받을 수 있는 금액을 법적으로 정해 놓은 제도는 무엇인가요?

14 나라 살림에 필요한 예산을 확정하고 국정 감사를 실시하며 국민을 위한 법을 만드는 곳은 어디인가요?

15 근로자들의 능력을 개발하는 프로그램으로 한국 산업에 필요한 인력을 길러내는 국가 기관은 어디인가요?

제3편
사회통합프로그램 구술시험

제1장 구술시험 소개
제2장 1단계 실전 모의평가
제3장 2단계 실전 모의평가
제4장 3단계 실전 모의평가
제5장 중간평가 실전 모의평가
제6장 종합평가 실전 모의평가

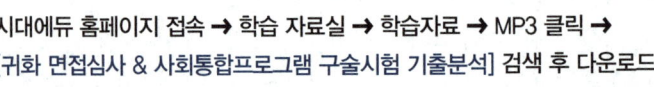

합격의 공식 ▶ 시대에듀

시대에듀 홈페이지 접속 ➜ 학습 자료실 ➜ 학습자료 ➜ MP3 클릭 ➜
[귀화 면접심사 & 사회통합프로그램 구술시험 기출분석] 검색 후 다운로드

제1장 구술시험 소개

출제포인트 사회통합프로그램 구술시험의 목적과 방법, 주의 사항 등을 소개합니다. 사회통합프로그램 구술시험에 대해 알아보고, 평가 기준에 맞춰 시험을 준비해 봅시다.

01 구술시험의 목적

- 사회통합프로그램은 대한민국에 체류하는 이민자가 한국 사회의 구성원으로 적응하여 자립할 수 있도록 지원하기 위해 마련한 사회통합교육이다. 한국어, 한국 문화, 한국 사회 이해 및 기타 교육으로 구성되어 한국 사회 적응에 필수적인 기본소양을 체계적으로 함양하는 것을 목적으로 한다.
- 사회통합프로그램 교육을 받은 이수자가 대한민국의 일원으로 잘 정착할 수 있는지 구술시험으로 평가한다.

02 구술시험 방법

(1) 단계평가 구술시험
- 시험은 수업을 들었던 운영기관에서 진행한다.
- 면접관 2명이 수험자 5명의 면접을 실시하는 것이 원칙이나 운영기관에 따라 면접관 2명이 수험자 2명의 면접을 치르는 경우도 있다.

(2) 중간평가 및 종합평가 구술시험
- 중간평가와 종합평가는 평가를 주관하는 한국이민재단에서 지정한 시험장에서 진행한다.
- 면접관 2명이 수험자 2명을 평가한다.

03 구술시험 주의 사항 및 Tip

(1) 반드시 신분증을 지참해야 한다.
신분증이 반드시 필요하므로 시험 전날에 미리 여권이나 외국인등록증을 준비하도록 한다.

(2) 단정한 복장과 성실한 태도가 중요하다.
면접을 볼 때는 단정한 복장과 예의 바른 자세로 면접에 임해야 하며, 들어오고 나갈 때 머리를 숙여 정중하게 인사를 해야 한다.

(3) 문장형으로 답변해야 한다.
면접관의 질문을 주의 깊게 듣고 단어가 아닌 문장으로 답변해야 한다.

(4) 질문을 이해하지 못했다면 정중히 되묻는다.
문제를 이해하지 못했을 때는 "다시 한번 말씀해 주세요."라고 공손하게 이야기하면 된다.

(5) 애국가를 부를 수 있어야 한다.
귀화용 종합평가 구술시험에서는 애국가 가창 여부를 확인하기 때문에 반드시 애국가를 연습하여 실수하지 않도록 준비해야 한다(보통 1절을 부르라고 함).

제 2 장 1단계 실전 모의평가

출제포인트 1단계 평가는 한국어와 한국 문화 초급1을 바탕으로 평가하는 단계입니다. 정확한 발음으로 짧은 글을 읽고 내용을 이해하여 질문에 대답해야 합니다. '-아/어요'를 이용한 현재형, '-았/었어요'를 이용한 과거형, '-(으)ㄹ 거예요'를 이용한 미래형 문장을 말할 수 있어야 하고, 기본적인 짧은 대화를 구성할 줄 알아야 합니다.

※ 휴대폰으로 QR코드를 찍으면 실전 모의평가 1회의 문제를 들으실 수 있습니다.

1회 실전 모의평가

모범 답안 p.191

01 다음을 소리 내어 읽어 보세요.

> 우리 가족은 할아버지, 부모님과 형, 저입니다. 아버지는 선생님이십니다. 어머니는 요리사십니다. 그래서 음식을 잘 만드십니다. 형은 회사원입니다. 우리 가족은 지금 고향에 있습니다. 저는 한국에서 한국어를 공부하고 있습니다. 저는 가족이 많이 보고 싶습니다. 그래서 매일 부모님께 전화를 합니다.

02 (1) 이 사람의 가족은 누가 있어요?

(2) 이 사람은 가족이 보고 싶을 때 어떻게 해요?

03 (1) _____ 씨의 가족은 누가 있어요? 가족들은 무슨 일을 해요?

(2) _____ 씨는 언제 가족이 보고 싶어요? 가족이 보고 싶을 때 어떻게 해요?

04 그림을 보고 질문에 대답하세요.

(1) 그림에서 사람들이 무엇을 해요?
(2) 한국에서는 식사를 할 때 어떻게 해요?

05 이번 여름휴가에 친구와 여행을 가고 싶어요. 다음 ①, ②를 보고 여행 계획을 말해 보세요.

①	②
• 부산 • 해운대 • 수영을 하다, 사진을 찍다 • 호텔	• 강원도 • 설악산 • 등산을 하다, 캠핑을 하다 • 캠핑장

2회 실전 모의평가

모범 답안 p.193

01 다음을 소리 내어 읽어 보세요.

> 어제는 동생의 졸업식이었습니다. 가족이 모두 축하해 주었습니다. 아버지는 동생에게 시계를 선물해 주셨습니다. 저는 사진을 많이 찍어 주었습니다. 졸업식 후에 우리 가족은 학교 앞 식당에서 불고기를 먹었습니다. 불고기가 정말 맛있었습니다. 어제 우리 가족은 기분이 좋은 하루를 보냈습니다.

02 (1) 동생은 누구에게 무슨 선물을 받았어요?
  (2) 졸업식 후에 이 가족은 어디에서 무엇을 했어요?

03 (1) _____ 씨의 생일은 언제예요? 누구에게 무슨 선물을 받고 싶어요?
  (2) _____ 씨의 생일에는 누구와 무엇을 하고 싶어요?

04 그림을 보고 질문에 대답하세요.

(1) 그림에서 사람들은 어디에 갔어요?
(2) 한국에서 병원에 가 봤어요? 어느 병원에 갔어요?

05 주말에 무엇을 했어요? 다음 ①, ②를 보고 주말에 무엇을 했는지 말해 보세요.

①	②
• 친구 집에 가다 • 고향 음식을 만들다 • 영화를 보다	• 집 근처 식당에 가다 • 친구들을 만나다 • 한국 음식을 먹다

3회 실전 모의평가
모범 답안 p.195

01 다음을 소리 내어 읽어 보세요.

> 오늘은 금요일입니다. 내일 우리 반은 한국어 시험을 봅니다. 그래서 저는 오늘 도서관에서 공부를 했습니다. 옆 반 친구 후엔 씨는 내일 시험이 없습니다. 후엔 씨는 다음 주 토요일에 시험을 봅니다. 그래서 후엔 씨는 내일 도서관에서 공부할 겁니다.

02 (1) 이 사람은 언제 한국어 시험을 쳐요? 이 사람은 오늘 무엇을 했어요?
　　 (2) 후엔 씨는 언제 한국어 시험이 있어요? 후엔 씨는 내일 무엇을 할 거예요?

03 (1) _____ 씨는 내일 누구를 만날 거예요? 무엇을 할 거예요?
　　 (2) _____ 씨는 어제 누구를 만났어요? 무엇을 했어요?

04 그림을 보고 질문에 대답하세요.

(1) 그림에서 사람들은 무엇을 하고 있어요?

(2) 요즘은 날씨가 어때요? 이런 날씨에 무엇을 해요?

05 다음 ①, ②를 보고 한국의 대중교통 이용 방법을 말해 보세요.

①	②
• 도시 밖으로 나가다 • 지하철, 시외버스 • 지하철역, 시외버스 터미널 • 교통카드, 현금	• 먼 곳에 가다 • 기차, 고속버스 • 기차역, 고속버스 터미널 • 기차표, 버스표

제 3 장 2단계 실전 모의평가

출제포인트 2단계 평가는 한국어와 한국 문화 초급2를 바탕으로 평가하는 단계입니다. 한국의 일상생활과 관련된 그림이나 사진을 보고 내용을 이해하여 대답해야 합니다. 일상생활과 관련된 주제로 간단하게 의사소통을 할 수 있고 자주 접하는 공공장소에 대해 이해하고 말할 수 있어야 합니다.

※ 핸드폰으로 QR코드를 찍으면 실전 모의평가 1회의 문제를 들으실 수 있습니다.

1회 실전 모의평가

모범 답안 p.198

※ [01-03] 그림을 보고 질문에 대답하세요.

01 (1) ①에서 여자는 지금 무엇을 하고 있어요?

(2) ②에서 여자는 지금 무엇을 하고 있어요?

02 (1) _____ 씨는 집에서 어떤 집안일을 자주 해요? 왜 자주 해요?

(2) _____ 씨는 집안일 중에서 어떤 일이 제일 힘들어요? 왜 힘들어요?

03 (1) _____ 씨의 집에서는 주로 누가 집안일을 해요?

(2) _____ 씨의 고향에서는 주로 누가 집안일을 해요? 고향과 한국을 비교해서 이야기해 보세요.

※ [04-05] 다음 질문에 대답하세요.

04 (1) 한국에서 새집으로 이사하면 집에 손님을 초대하는데, 이것을 뭐라고 해요? 새집에 초대를 받으면 보통 무엇을 선물해요?

(2) 이사한 집에 갈 때 세제나 휴지를 선물하는데, 그 선물에는 어떤 뜻이 있어요?

05 친구에게 행정복지센터 문화 강좌를 알려 주려고 해요. 다음 ①, ②를 보고 친구에게 문화 강좌를 소개해 보세요.

①	②
〈맛있는 커피〉	〈컴퓨터 기초〉
• 바리스타 자격증 과정	• 자격증 과정 아님
• 대상: 성인	• 대상: 중·고등학생 및 성인
• 시간: 화, 목 9-11시	• 시간: 월-금 17-18시
• 수강료: 10만 원(재료비 무료)	• 수강료: 5만 원

2회 실전 모의평가

모범 답안 p.200

※ [01-03] 그림을 보고 질문에 대답하세요.

01 (1) ①은 무슨 날이에요? 사람들이 모여서 무엇을 하고 있어요?

(2) ②는 무슨 날이에요? 사람들이 모여서 무엇을 하고 있어요?

02 (1) 한국 사람들은 설날에 무엇을 해요? 어떤 음식을 먹어요?

(2) 한국 사람들은 추석에 무엇을 해요? 어떤 음식을 먹어요?

03 (1) _____ 씨의 고향에는 어떤 명절이 있어요? 고향 사람들은 명절에 무엇을 해요?

(2) _____ 씨의 고향에서도 명절에 특별한 음식을 먹어요? 고향 사람들은 명절에 무엇을 해요?

※ [04-05] 다음 질문에 대답하세요.

04 (1) 세계인의 날은 언제예요? 세계인의 날을 왜 만들었어요?

(2) 세계인의 날에는 어떤 행사를 해요?

05 친구가 아파요. 다음 ①, ②를 보고 친구에게 이야기해 보세요.

①	②
〈넘어져서 다쳤어요〉	〈배가 아프고 설사를 해요〉
• 소독약을 바르다	• 약을 먹다
• 연고를 바르다	• 죽을 끓여서 먹다
• 밴드를 붙이다	• 집에 가서 푹 쉬다
• 물이 묻지 않게 조심하다	• 계속 아프면 병원에 가 보다

3회 실전 모의평가

모범 답안 p.203

※ [01-03] 그림을 보고 질문에 대답하세요.

01 (1) ①에서 여자는 지금 무엇을 하고 있어요?

(2) ②에서 여자는 지금 무엇을 하고 있어요?

02 (1) _____ 씨는 어디에서 옷을 사요? 왜 그곳에서 사요?

(2) _____ 씨는 어디에서 신발을 사요? 왜 그곳에서 사요?

03 (1) _____ 씨는 어떤 전통 시장에 가 보고 싶어요? 가서 무엇을 하고 싶어요?

(2) 전통 시장에서 쇼핑을 하면 어떤 점이 좋아요?

※ [04-05] 다음 질문에 대답하세요.

04 (1) 편의점에서는 어떤 약을 살 수 있어요?

(2) 휴일지킴이 약국이 뭐예요?

05 건강한 생활 습관을 만들고 싶어요. 다음 ①, ②를 보고 친구에게 이야기해 보세요.

①	②
〈건강한 운동 습관〉 • 가까운 거리, 걷다 • 엘리베이터, 에스컬레이터 × • 계단 ○	〈건강한 식사 습관〉 • 짠 음식, 단 음식 × • 채소, 과일 ○ • 당근, 눈에 좋다

제4장 3단계 실전 모의평가

출제포인트 3단계 평가는 한국어와 한국 문화 중급1을 바탕으로 평가하는 단계입니다. 한국의 사회·문화와 관련된 짧은 글의 내용을 파악할 수 있어야 합니다. 피동사, 간접화법 등의 문법을 사용하여 말할 수 있어야 합니다.

※ 핸드폰으로 QR코드를 찍으면 실전 모의평가 1회의 문제를 들으실 수 있습니다.

1회 실전 모의평가

모범 답안 p.206

※ [01-03] 다음을 읽고 질문에 대답하세요.

> 전자 제품을 사면 보증서를 받는데 보증서에는 품질 보증 기간이 쓰여 있다. 품질 보증 기간은 소비자가 무상 수리를 받을 수 있는 기간이다. 그렇지만 보증서가 있다고 해서 보증 기간 내에 항상 무상으로 수리를 받을 수 있는 것은 아니다. 구입한 전자 제품을 보증 기간 내에 정상적으로 사용하다가 고장이 난 경우에는 무상 수리가 가능하지만 소비자의 실수로 고장이 나거나 주의 사항을 지키지 않아서 발생한 고장에 대해서는 수리 비용을 내야 한다.

01 (1) 전자 제품을 사면 무엇을 받아요?

(2) 품질 보증 기간은 어떤 기간이에요?

02 (1) 어떤 경우에 무상 수리를 받을 수 있어요?

(2) 어떤 경우에 수리 비용을 내야 해요?

03 _____ 씨는 한국에서 전자 제품을 사 본 적이 있어요? 전자 제품을 산 후에 수리를 받은 적이 있어요? 전자 제품을 산 경험이나 수리한 경험을 말해 보세요.

04 그림을 보고 질문에 대답하세요.

(1) 여기는 어디예요? 이 사람들은 무엇을 하고 있어요?

(2) 사람들이 이곳에서 이렇게 하는 이유는 뭐예요?

05 여러분은 취직을 하기 위해서 면접을 보고 있어요. 다음 ①, ②를 보고 구직자가 되어서 면접관과 대화를 해 보세요.

①	②
• 지원 이유: 출퇴근이 자유로운 회사 • 성격의 장점과 단점: 외향적이고 적극적이지만 성격이 급하다 • 운전면허증을 따다	• 지원 이유: 보람을 느낄 수 있는 회사 • 성격의 장점과 단점: 꼼꼼하고 다정하지만 가끔 물건을 잃어버리다 • 컴퓨터 자격증을 따다
면접관: 안녕하세요? 구직자: _____. 면접관: 우리 회사에 지원한 이유는 무엇입니까? 구직자: _____. 면접관: 아, 그렇습니까? 본인의 성격은 어떻습니까? 구직자: _____. 면접관: 취업을 위해 준비한 것이 있습니까? 구직자: _____. 면접관: 네, 잘 알겠습니다. 결과는 다음 주에 알려 드리겠습니다. 구직자: _____.	면접관: 안녕하세요? 구직자: _____. 면접관: 우리 회사에 지원한 이유는 무엇입니까? 구직자: _____. 면접관: 아, 그렇습니까? 본인의 성격은 어떻습니까? 구직자: _____. 면접관: 취업을 위해 준비한 것이 있습니까? 구직자: _____. 면접관: 네, 잘 알겠습니다. 결과는 다음 주에 알려 드리겠습니다. 구직자: _____.

2회 실전 모의평가

모범 답안 p.209

※ [01-03] 다음을 읽고 질문에 대답하세요.

> 집을 계약할 때는 반드시 집주인과 직접 계약해야 한다. 부동산 중개업자가 계약자 본인 또는 집주인 대신 계약을 하면 문제가 발생할 수 있다. 그리고 계약서를 잘 읽어 보고 입금 계좌가 집주인의 것이 맞는지 확인해야 하고 특약 사항도 계약서에 써야 한다. 왜냐하면 말로만 하면 나중에 집에 문제가 생겼을 때 집주인이 약속을 어길 수 있기 때문이다. 또한 계약을 하기 전에 등기부 등본을 꼭 확인해야 한다. 전세나 월세로 집을 구하고 이사한 후에는 행정복지센터에 방문하여 전입 신고를 하고 확정 일자를 받아야 한다.

01 (1) 집을 계약할 때는 누구와 해야 해요?

  (2) 부동산 중개업자가 대신 계약하면 왜 안 돼요?

02 (1) 특약 사항을 왜 계약서에 써야 해요?

  (2) 이사한 후에는 무엇을 해야 해요?

03 (1) _____ 씨는 이사를 해 본 적이 있어요? 이사하기 전에는 무엇을 했어요?

  (2) _____ 씨는 이사를 해 본 적이 있어요? 이사한 후에는 어떤 일을 했어요?

04 그림을 보고 질문에 대답하세요.

(1) 이 사람들은 무엇을 하고 있어요?

(2) _____ 씨는 어떤 일을 하고 싶어요? 그 일을 하기 위해서 어떤 노력을 해요?

05 여러분은 전자 제품이 고장 나서 수리하려고 해요. 다음 ①, ②를 보고 고객이 되어서 직원과 대화를 해 보세요.

①	②
• 노트북 • 책상에서 떨어뜨리다 • 전원이 안 켜지다 • 유상 수리	• 휴대폰 • 가방을 떨어뜨리다 • 액정이 깨지다 • 유상 수리
직원: 안녕하세요? 어떤 문제로 오셨습니까? 고객: _____. 직원: 어떻게 고장이 났습니까? 고객: _____. 직원: 아, 그렇습니까? 제가 한번 보겠습니다. 고객: _____. 직원: 죄송합니다. 고객님의 실수로 고장이 난 것이라서 무상 수리는 받을 수 없습니다. 고객: _____. 직원: 수리해 봐야 알 수 있을 것 같습니다. 수리한 후에 연락 드리겠습니다. 고객: _____.	직원: 안녕하세요? 어떤 문제로 오셨습니까? 고객: _____. 직원: 어떻게 고장이 났습니까? 고객: _____. 직원: 아, 그렇습니까? 제가 한번 보겠습니다. 고객: _____. 직원: 죄송합니다. 고객님의 실수로 고장이 난 것이라서 무상 수리는 받을 수 없습니다. 고객: _____. 직원: 수리해 봐야 알 수 있을 것 같습니다. 수리한 후에 연락 드리겠습니다. 고객: _____.

3회 실전 모의평가

※ [01-03] 다음을 읽고 질문에 대답하세요.

한국에서 휴대폰을 개통하기 위해 꼭 알아야 할 것이 있다. 우선 한국의 대표적인 통신사 이름을 알아야 한다. 그리고 휴대폰을 개통할 때는 신분증을 꼭 가지고 가야 하고, 유심 카드가 있으면 챙겨 가는 것이 좋다. 외국인은 외국인등록을 하기 전에는 본인 이름으로 휴대폰을 개통할 수 없다. 마지막으로 본인에게 맞는 요금제를 잘 선택해야 한다. 만약 데이터를 많이 사용하고 통화량이 많다면 '무제한 요금제'를 선택하는 것이 좋다. 무제한 요금제는 사용한 데이터나 통화량과 관계없이 매달 요금이 같기 때문이다.

01 (1) 한국에서 휴대폰을 개통할 때 알아야 할 것은 뭐예요? 1가지만 말해 보세요.

(2) 한국에서 휴대폰을 개통할 때 가지고 가야 하는 것은 뭐예요?

02 (1) 휴대폰을 개통할 때 외국인이 알아야 할 것은 뭐예요?

(2) 무제한 요금제는 왜 좋아요?

03 _____ 씨는 한국에서 휴대폰을 어떻게 개통했어요? 어떤 요금제를 사용하고 있어요?

04 그림을 보고 질문에 대답하세요.

(1) 여기는 어디예요? 여기에서 누구를 만날 수 있어요?

(2) 여기에 왜 가요? 여기에서 무엇을 할 수 있어요?

05 여러분은 옷을 교환하거나 환불하려고 해요. 다음 ①, ②를 보고 손님이 되어서 대화를 해 보세요.

①	②
• 어제 • 셔츠 • 단추가 떨어지다 • 교환 • 카드 결제	• 그저께 • 바지 • 얼룩이 있다 • 환불 • 현금 결제
직원: 어서 오세요. 무엇을 도와드릴까요? 손님: _____. 직원: 아, 그러세요? 제가 잠깐 확인해 보겠습니다. 영수증은 가지고 오셨어요? 손님: _____. 직원: 네, 감사합니다. 여기 새 제품입니다. 확인해 보세요. 손님: _____. 직원: 이 제품도 교환하기 원하시면 일주일 안에 가격표 제거하지 마시고 가져오세요. 손님: _____. 직원: 감사합니다. 안녕히 가세요.	직원: 어서 오세요. 무엇을 도와드릴까요? 손님: _____. 직원: 아, 그러세요? 제가 잠깐 확인해 보겠습니다. 영수증은 가지고 오셨어요? 손님: _____. 직원: 네, 감사합니다. 환불해 드리겠습니다. 확인해 보세요. 손님: _____. 직원: 다른 제품도 환불하기 원하시면 일주일 안에 가격표 제거하지 마시고 가져오세요. 손님: _____. 직원: 감사합니다. 안녕히 가세요.

제 5 장 중간평가 실전 모의평가

출제포인트 4단계 중간평가는 한국어와 한국 문화의 모든 단계를 바탕으로 평가합니다. 한국의 사회·문화와 관련된 그림이나 사진을 보고 내용을 파악하여 말할 수 있어야 합니다. '예를 들어 설명해 보세요.', '자신의 생각을 말해 보세요.' 등의 질문 형식이 많으므로 자신의 생각을 말하는 연습을 많이 하도록 합시다.

※ 휴대폰으로 QR코드를 찍으면 실전 모의평가 1회의 문제를 들으실 수 있습니다.

1회 실전 모의평가

모범 답안 p.214

※ [01-03] 사진을 보고 질문에 대답하세요.

01 (1) ①은 어떤 집인가요?

(2) ②는 어떤 집인가요?

02 ①의 집은 어떤 특징이 있나요? 이 집의 장점과 단점은 무엇인가요?

②의 집은 어떤 특징이 있나요? 이 집의 장점과 단점은 무엇인가요?

03 (1) _____ 씨는 집을 구할 때 무엇을 중요하게 생각하나요? 그렇게 생각하는 이유는 무엇인가요?

(2) _____ 씨의 고향에서는 집을 구할 때 무엇을 중요하게 생각하나요? 그렇게 생각하는 이유는 무엇인가요?

※ [04-05] 다음 질문에 대답하세요.

04 요즘 한국뿐만 아니라 전 세계적으로 환경 오염 문제가 심각해지고 있습니다.

(1) 이렇게 환경 오염이 심각해진 원인을 구체적인 예를 들어 말해 보세요.

(2) 심각해지고 있는 환경 오염을 해결하기 위해 여러분이 실천하고 있는 환경 보호 방법을 말해 보세요.

05 요즘 한국에서는 물가 변화가 크게 나타나고 있습니다.

(1) 한국에서 생활하면서 물가가 많이 상승했다고 느낀 적이 있나요? 물가가 많이 상승하는 이유는 무엇이라고 생각하나요?

(2) 한국에서 생활하면서 물가가 하락했다고 느낀 적이 있나요? 물가가 하락하는 이유는 무엇이라고 생각하나요?

2회 실전 모의평가

모범 답안 p.218

※ [01-03] 그림을 보고 질문에 대답하세요.

01 (1) ①은 무슨 상황인가요? 그림에 대해 말해 보세요.

(2) ②는 무슨 상황인가요? 그림에 대해 말해 보세요.

02 (1) ①의 상황이 생기면 어떻게 해야 하나요? 이런 상황을 어떻게 설명하나요?

(2) ②의 상황이 생기면 어떻게 해야 하나요? 이런 상황을 어떻게 설명하나요?

03 _____ 씨는 지금까지 살면서 직접 경험한 사건이나 사고가 있나요? 그 사건이나 사고에 대해 말해 보세요.

※ [04-05] 다음 질문에 대답하세요.

04 뉴스에서 다음과 같은 날씨 주의보를 들었을 때 어떻게 해야 하나요?
　　(1) 미세 먼지 주의보를 들었습니다. 무슨 뜻인가요? 이럴 때 어떻게 해야 하나요?
　　(2) 폭염 주의보를 들었습니다. 무슨 뜻인가요? 이럴 때 어떻게 해야 하나요?

05 요즘 한국에는 다양한 신조어가 생기고 있습니다.
　　(1) 신조어 사용의 긍정적인 점을 구체적인 예를 들어 말해 보세요.
　　(2) 신조어 사용의 부정적인 점을 구체적인 예를 들어 말해 보세요.

3회　실전 모의평가　　　모범 답안 p.220

※ [01-03] 그림을 보고 질문에 대답하세요.

01 (1) ①이 나타내는 것은 무엇인가요? 그림에 대해 말해 보세요.

(2) ②가 나타내는 것은 무엇인가요? 그림에 대해 말해 보세요.

02 (1) _____ 씨는 건강한 생활을 위해서 평소에 실천하려고 하는 운동 습관이 있나요?

(2) _____ 씨는 건강한 생활을 위해서 평소에 실천하려고 하는 식습관이 있나요?

03 (1) 한국 사람들의 잘못된 생활 습관으로 생기는 병에는 무엇이 있나요? 이 병을 예방하기 위해 어떤 노력을 해야 하나요?

(2) _____ 씨의 고향에서는 어떤 생활 습관 때문에 사람들이 병에 걸리나요? 그 병을 예방하기 위해 고향 사람들은 어떤 노력을 하나요?

※ [04-05] 다음 질문에 대답하세요.

04 현대 사회는 국제화 시대입니다.

(1) 국제화 시대에 인재가 되기 위해 가져야 할 요건은 무엇이라고 생각합니까?

(2) _____ 씨는 국제화 시대의 인재가 되기 위해 어떤 노력을 하고 있습니까?

05 많은 외국인이 한국 생활에 적응하기 위해서 노력하고 있습니다. _____ 씨는 한국에 처음 왔을 때 어땠나요? 한국 생활에 적응하기 위해서 어떤 노력을 했나요? 지금 생활은 어떤가요? _____ 씨가 어떻게 한국 생활에 적응했는지 말해 보세요.

4회 실전 모의평가

모범 답안 p.223

※ [01-03] 그림을 보고 질문에 대답하세요.

01 (1) ①에서 사람들이 무엇을 하고 있어요? 한국에서는 보통 이런 걸 언제 해요?

(2) ②에서 사람들이 무엇을 하고 있어요? 한국에서는 보통 이런 걸 언제 해요?

02 (1) 한국 사람들은 설날에 무엇을 하는지 설날 풍습에 대해 말해 보세요.

(2) 한국 사람들은 추석에 무엇을 하는지 추석 풍습에 대해 말해 보세요.

03 (1) _____ 씨 고향에는 어떤 명절이 있어요? 고향 사람들이 명절에 먹는 특별한 음식이 있어요?

(2) _____ 씨 고향에는 어떤 명절이 있어요? 고향 사람들이 명절에 하는 특별한 전통 놀이나 풍습이 있어요?

※ [04-05] 다음 질문에 대답하세요.

04 한국에는 여러 기념일이 있습니다.

(1) 한국에서 성년의 날은 언제예요? 성년의 날을 어떻게 기념해요? 성년의 날은 어떤 의미가 있나요?

(2) _____ 씨의 고향에서는 성년이 된 것을 어떻게 기념하나요?

05 (1) 인터넷을 사용하는 사람들이 늘면서 인터넷에 댓글을 다는 사람들도 늘고 있는데 댓글의 장점과 단점은 무엇인가요?

(2) 댓글을 달 때 지켜야 할 예절은 무엇이라고 생각하나요?

5회 실전 모의평가

모범 답안 p.226

※ [01-03] 사진을 보고 질문에 대답하세요.

01 (1) ①은 무엇인가요? 사진에 대해 말해 보세요.

(2) ②는 무엇인가요? 사진에 대해 말해 보세요.

02 (1) 로봇 청소기에 대해 설명해 보세요.

(2) 인공 지능 스피커에 대해 설명해 보세요.

03 (1) 로봇 청소기나 인공 지능 스피커 외에 _____ 씨가 알고 있는 최신 제품에는 무엇이 있나요?

(2) 우리 생활에서 로봇이 많이 활용되고 있습니다. 로봇을 활용하는 것의 장점과 단점을 말해 보세요.

※ [04-05] 다음 질문에 대답하세요.

04 직장 생활을 하는 사람이 많아지고 있습니다.

(1) _____ 씨는 한국에서 직장 생활을 해 봤나요? 직장 생활을 할 때 어떤 점이 어려웠나요?

(2) 한국에서 직장 생활을 잘 하려면 어떻게 하는 것이 좋다고 생각하나요?

05 한국의 전통적인 난방 방식으로 온돌이 있습니다.

(1) 한국의 온돌에 대해 설명해 보세요.

(2) _____ 씨의 고향에서는 난방이나 냉방을 어떻게 하나요?

제 6 장 종합평가 실전 모의평가

출제포인트 5단계 종합평가에서는 교재 한국어와 한국 문화 초급1, 초급2, 중급1, 중급2의 모든 부분에 대한 이해가 필요합니다. 특히 귀화용 종합평가에서는 애국가 부르기가 항상 출제되는데, 음정보다는 가사에 집중하여 정확하게 외우는 것이 중요합니다.

※ 휴대폰으로 QR코드를 찍으면 실전 모의평가 1회의 문제를 들으실 수 있습니다.

1회 실전 모의평가

모범 답안 p.229

※ [01-03] 다음을 읽고 질문에 대답하세요.

대한민국의 고유 문자인 한글의 원래 이름은 훈민정음이다. 이는 백성을 가르치는 바른 소리라는 뜻이다. 훈민정음은 지금으로부터 약 600년 전에 조선의 세종대왕이 창제했다. 언어학자들에 의하면 한글은 자음과 모음이 결합되어 하나의 글자를 이룬다는 점에서 과학적인 문자라는 평가를 받고 있다. 한글의 모음은 하늘, 땅, 사람의 모양을 본떠서 만들었고 한글의 자음은 입술, 혀, 목 등의 사람의 발음 기관의 모양을 본떠서 만들었다. 한글은 모음과 자음을 결합하여 모든 글자를 만들 수 있다. 유네스코에서는 세종대왕의 업적과 한글의 우수성을 기념하기 위해 세계적으로 문맹퇴치사업에 기여를 많이 한 사람이나 단체를 선정하여 상을 주는데 그 상의 이름이 세종대왕상이다.

01 (1) 한글이 처음 만들어졌을 때의 이름은 무엇이고, 그 의미는 무엇입니까?

(2) 언어학자들은 한글을 어떻게 평가하고 있습니까?

02 (1) 모음과 자음은 어떻게 만들어졌습니까?

(2) 세종대왕상은 어떤 상입니까?

03 _____ 씨의 고향에서 사용하는 문자에는 어떤 특징이 있는지 이야기해 보세요.

※ [04-05] 다음 질문에 대답하세요.

04 한국은 1960년대부터 산업화가 진행되면서 농촌 인구가 도시로 많이 이동했습니다.
(1) 이렇게 도시화 현상이 일어나면서 도시에 나타나는 문제에는 어떤 것들이 있는지, 이 문제를 해결하기 위해 정부가 어떤 노력을 하고 있는지 말해 보세요.
(2) 도시로 인구가 집중되면서 농촌에 나타나는 문제에는 어떤 것들이 있는지, 이 문제를 해결하기 위해 정부가 어떤 노력을 하고 있는지 말해 보세요.

05 한국은 동쪽, 서쪽, 남쪽의 지형이 모두 다릅니다.
(1) 한국의 동쪽, 서쪽, 남쪽의 지형은 어떤 특징이 있나요? 각각의 특징을 비교해서 말해 보세요.
(2) 제주도는 한국에서 가장 크고 유명한 섬입니다. 그래서 여행을 오는 관광객이 많습니다. 제주도에 대해서 아는 대로 말해 보세요.

2회 실전 모의평가

※ [01-03] 다음을 읽고 질문에 대답하세요.

> 한복은 한국의 전통적인 옷이다. 한복을 입을 때 남자는 바지와 저고리를 기본으로 입고, 저고리 위에 조끼를 입으며 외출할 때는 두루마기를 입는다. 여자는 치마와 저고리를 기본으로 입고, 저고리 위에 배자를 입으며 외출할 때는 마고자를 입는다. 그리고 남녀 모두 발에는 양말 대신 버선을 신는다. 여름에는 시원하게 삼베나 모시로 한복을 만들었고 겨울에는 따뜻하게 비단이나 솜으로 한복을 만들어 입었다. 옛날 사람들은 한복을 특별한 명절뿐만 아니라 일생생활에서도 입었지만 요즘에는 설날이나 추석과 같은 명절, 결혼식이나 돌잔치 같은 특별한 날에만 한복을 입는다.

01 (1) 남자 한복의 옷차림에 대해 말해 보세요.

(2) 여자 한복의 옷차림에 대해 말해 보세요.

02 (1) 옛날에 한국 사람들은 여름과 겨울에 한복을 어떻게 다르게 입었나요?

(2) 옛날 사람들과 요즘 사람들은 한복을 언제 입나요? 어떻게 다른지 말해 보세요.

03 (1) 한국의 전통 옷은 한복입니다. _____ 씨의 고향에는 어떤 전통 옷이 있나요? _____ 씨 고향의 전통 옷의 이름은 무엇인지, 그 옷은 언제 입는지 말해 보세요.

(2) _____ 씨는 한복을 입어 본 적이 있습니까? 한복을 입었을 때 느낌이 어땠습니까? 한복과 _____ 씨 고향의 전통 옷을 비교하여 이야기해 보세요.

※ [04-05] 다음 질문에 대답하세요.

04 최근 한국 사회에서는 물품 구매 과정에서 피해를 입는 소비자가 늘고 있으며 소비자와 사업자 사이의 분쟁도 많이 발생하고 있습니다.

(1) 한국에서 소비자가 피해를 입고 분쟁이 발생하면 어떻게 해결할 수 있는지 그 방법을 설명해 보세요.

(2) _____ 씨의 고향에서 소비자가 피해를 입고 분쟁이 발생했을 경우 소비자가 보호받을 수 있는 방법이 있으면 설명해 보세요.

05 한국에는 버스나 지하철 등 많은 대중교통이 있습니다.

(1) 대중교통을 이용할 때 지켜야 하는 예절에 대해서 이야기해 보세요.

(2) _____ 씨의 고향에서 대중교통을 이용할 때 지켜야 할 예절과 한국의 예절을 비교하여 말해 보세요.

3회 실전 모의평가

모범 답안 p.235

※ [01-03] 다음을 읽고 질문에 대답하세요.

최근 한국 가족 연구소의 조사에 따르면 1인 가구가 전체 가구 수의 35.5%를 차지하였다. 1인 가구의 증가 원인으로는 이혼율의 증가, 고령화, 결혼에 대한 가치관의 변화 등을 꼽을 수 있다. 그로 인해 이들을 대상으로 한 상품과 서비스도 많이 생기고 있다. 예를 들면 마트나 편의점에서 소포장 상품이 증가하고, 소형 주택이 인기를 얻고 있다. 또한 1인 가구를 위한 생활 물품 대여, 세탁, 청소, 장보기 등의 서비스업도 증가하고 있다. 1인 가구의 증가로 우리 사회에는 크고 작은 변화들이 생길 수밖에 없다. 그러므로 정부는 이러한 변화에 맞춰 1인 가구를 위한 주거 지원 정책이나 독거노인을 위한 돌봄 서비스 등 다양한 정책을 마련해야 할 것이다.

01 (1) 1인 가구의 비율은 어느 정도인가요?

(2) 1인 가구가 증가하는 원인은 무엇인가요?

02 (1) 1인 가구가 증가하면서 어떤 업종이 함께 증가하고 있나요?

(2) 1인 가구를 위해 어떤 정책이 필요하다고 했나요?

03 (1) 한국 사회에서 점점 줄어들고 있는 대가족의 특징은 무엇이며, 그 장점은 무엇이라고 생각하나요?

(2) 한국 사회에서 점점 증가하고 있는 핵가족의 특징은 무엇이며, 그 장점은 무엇이라고 생각하나요?

※ [04-05] 다음 질문에 대답하세요.

04 한국의 인터넷은 세계에서 가장 빠르다고 평가받을 만큼 발달했습니다.

(1) _____ 씨는 인터넷을 어떻게, 어떤 용도로 사용하고 있는지 말해 보세요.

(2) 인터넷에는 긍정적인 면도 있지만 부정적인 면도 있습니다. 인터넷의 부정적인 면을 해결하기 위한 방법을 말해 보세요.

05 한국은 사계절이 있는 나라입니다. 그래서 한국의 전통 가옥인 한옥은 사계절의 특징을 잘 담고 있습니다.

(1) 더운 여름과 추운 겨울을 각각 대비하기 위해 한옥에 설치한 장치에 대해서 이야기해 보세요.

(2) 한옥과 고향의 전통 가옥을 비교하여 이야기해 보세요.

4회 실전 모의평가

모범 답안 p.238

※ [01-03] 다음을 읽고 질문에 대답하세요.

> 1948년 남한에서는 대한민국 정부가 수립되고 북한에서는 김일성을 중심으로 공산주의 정권이 수립되었다. 1950년 6월 25일에 소련의 지원을 받은 북한이 남한을 침공하여 6·25 전쟁이 시작되었다. 남한은 북한의 기습 공격에 3일 만에 서울을 빼앗기고 전쟁에서 패배할 뻔했으나 유엔에서 북한의 공격을 침략으로 규정하고 남한을 돕기 위해 유엔군을 보냈다. 낙동강 근처까지 밀렸던 국군과 유엔군은 인천상륙작전으로 전쟁의 분위기를 바꾸어 서울을 되찾고 38도선을 넘어서 압록강까지 올라갔다. 하지만 중국에서 북한에 대규모의 군대를 지원하면서 국군과 유엔군은 후퇴하게 되었고, 남한과 북한은 38도선을 경계로 3년 동안 전쟁을 계속하다가 정전 협정을 맺었다. 이후 남한과 북한은 서로에 대한 불신 때문에 긴장 속에서 대립하기도 하고 때로는 교류하며 화해 분위기를 형성하기도 했다. 남북정상회담, 금강산 관광, 이산가족 상봉 행사로 남북관계가 크게 개선되기도 하였고 북한의 핵실험을 계기로 남북관계는 위기를 맞기도 하였다.

01 (1) 1948년에 남한과 북한에는 어떤 정부가 수립되었나요?

(2) 6·25 전쟁은 어떻게 일어나게 되었나요? 남한과 북한은 현재 어떤 상태인가요?

02 (1) 남한이 북한의 기습 공격을 받고 3일 만에 서울을 빼앗기고 전쟁에서 거의 패배할 뻔했습니다. 이때 전쟁의 분위기를 바꾼 사건은 무엇이며, 어떻게 이루어졌습니까?

(2) 남한과 북한은 1953년에 정전 협정을 맺었습니다. 그 이후 남한과 북한의 관계는 어떻게 되었으며, 남한과 북한의 관계를 개선시킨 사건으로는 무엇이 있습니까?

03 (1) 남한과 북한은 통일을 해야 할까요? 왜 해야 할까요? 하지 말아야 한다면 왜 하지 말아야 할까요? 남한과 북한의 통일에 대한 자신의 생각을 말해 보세요.

(2) 남한과 북한의 통일을 위해서 남북의 정부와 국민은 어떤 노력을 해야 할까요?

※ [04-05] 다음 질문에 대답하세요.

04 한국 사람들은 세종대왕과 이순신 장군을 존경합니다.
(1) 세종대왕은 어떤 사람인가요? 어떤 업적을 남겼나요?
(2) 한국 사람들은 왜 이순신 장군을 존경하는 인물로 손꼽을까요?

05 _____ 씨는 한국의 결혼식에 가 본 적이 있나요?
(1) 한국의 결혼 문화와 고향의 결혼 문화의 공통점에 대해서 말해 보세요.
(2) 한국의 결혼 문화와 고향의 결혼 문화의 차이점에 대해서 말해 보세요.

5회 실전 모의평가

모범 답안 p.241

※ [01-03] 다음을 읽고 질문에 대답하세요.

> 저는 한국에 온 지 1년쯤 된 중국 사람입니다. 저는 지난달에 지금 회사로 이직하게 되었습니다. 전에 다니던 직장은 일도 많고 집과 멀어서 출퇴근하기에도 힘들었습니다. 지금 회사에는 한국 사람이 많습니다. 그리고 대부분 저보다 연세가 많습니다. 저는 그분들과 매일 같이 일하고 식사도 함께 하면서 많은 시간을 보냅니다. 그런데 이야기를 하다 보면 선배들이 윗사람에게 그렇게 말하면 안 된다고 말할 때가 많습니다. 그런 말을 들을 때마다 선배들의 기분이 안 좋아진 것 같아서 마음이 불편해지곤 합니다. 이런 일이 자주 생겨서 그런지 저는 요즘 선배들과 함께 있는 자리를 자꾸 피하게 됩니다. 한국에서는 대인 관계에서 높임말 사용이 중요한데 저는 높임말이 아직도 너무 어렵습니다. 한국어 수업시간에 높임말을 배우기는 했지만 그것으로는 부족한 것 같습니다. 저는 선배들과 잘 지내고 싶은데 어떻게 해야 좋을까요?

01 (1) 이 사람은 왜 직장을 바꾸었나요?
(2) 이 사람이 새로 옮긴 직장에는 어떤 사람이 많은가요?

02 (1) 이 사람이 선배들과 같이 있는 자리를 피하는 이유는 무엇인가요?

(2) 이 사람이 한국 생활에서 어려워하는 것은 무엇인가요?

03 (1) 한국에서 직장 생활을 잘하려면 어떻게 해야 하나요?

(2) 다른 사람과의 대인 관계를 잘 유지하기 위해서 중요한 것은 무엇인가요?

※ [04-05] 다음 질문에 대답하세요.

04 한국 사람들은 가족을 소중하게 생각합니다.

(1) 한국의 전통적인 가족의 모습과 현대 가족의 모습을 비교하여 이야기해 보세요.

(2) _____ 씨 고향의 가족의 모습과 한국의 가족의 모습을 비교하여 이야기해 보세요.

05 한국 국민들에게는 지켜야 할 의무가 있습니다.

(1) 한국의 국민들이 지켜야 하는 국민의 4대 의무에 대해서 말해 보세요.

(2) 한국 국민들은 왜 국민의 4대 의무를 지켜야 할까요? 4대 의무의 중요성에 대해 말해 보세요.

제4편
모범 답안 및 해설

제1장 귀화 면접심사 실전 모의평가
제2장 1단계 실전 모의평가
제3장 2단계 실전 모의평가
제4장 3단계 실전 모의평가
제5장 중간평가 실전 모의평가
제6장 종합평가 실전 모의평가

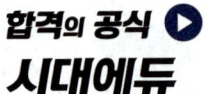

합격의 공식 ▶ 시대에듀

시대에듀 홈페이지 접속 → 학습 자료실 → 학습자료 → MP3 클릭 →
[귀화 면접심사 & 사회통합프로그램 구술시험 기출분석] 검색 후 다운로드

제 1 장 귀화 면접심사 실전 모의평가

출제포인트 귀화 면접심사 실전 모의평가의 모범 답안 및 해설입니다. 자신의 답변과 비교해 보고, 부족한 부분은 QR코드로 제공되는 모범 답안을 듣고 따라하며 반복적으로 연습합시다.

※ 휴대폰으로 QR코드를 찍으면 실전 모의평가 1회의 모범 답안을 들으실 수 있습니다.

1회 실전 모의평가

실전 모의평가 p.113

01 한국을 대표하는 것을 3가지 이상 말해 보세요.

태극기, 애국가, 무궁화가 있습니다.

> **해설** 한국을 상징하는 것에는 태극기(국기), 애국가(국가), 무궁화(국화), 한글(문자) 등이 있다.

02 한국의 동전 중 백 원에 새겨진 인물은 누구인가요?

이순신 장군입니다.

> **해설** 한국에서 현재 사용하는 동전은 10원, 50원, 100원, 500원이다. 10원에는 다보탑, 50원에는 벼 이삭, 100원에는 이순신 장군, 500원에는 두루미(학)가 새겨져 있다. 지금은 사용하지 않지만 과거에 사용했던 동전으로는 1원과 5원이 있는데, 1원에는 무궁화, 5원에는 거북선이 새겨져 있다.

03 고조선은 한반도에 세워진 최초의 국가입니다. 고조선을 건국한 사람은 누구인가요?

단군왕검입니다.

> **해설** 고조선은 기원전 2333년에 한반도에 처음으로 등장한 나라이다. 하늘나라를 다스리는 하느님의 아들 환웅이 땅에 내려와 곰에서 사람으로 변한 웅녀와 결혼하여 단군왕검을 낳았다는 단군신화가 오늘날까지 전해지고 있다.

04 1936년 베를린 올림픽에 출전해 마라톤에서 금메달을 딴 사람은 누구인가요?

손기정입니다.

> **해설** 손기정은 1936년 제11회 베를린 올림픽에 출전하여 마라톤 종목에서 당시 올림픽 신기록을 세우며 금메달을 땄다.

05 국민이 투표로 대통령이나 국회의원을 뽑는 것은 무엇인가요?

선거입니다.

> **해설** 민주주의에서 선거는 정치에 참여하는 가장 기본적인 방법이다. 선거에는 4가지 원칙인 보통 선거, 평등 선거, 직접 선거, 비밀 선거가 있다.

Level Up Tip

한국의 선거 원칙
- 보통 선거는 만 18세 이상 한국 국민은 누구나 선거에 참여할 수 있다.
- 평등 선거는 조건에 관계없이 공평하게 한 표씩 투표하고, 각 표는 모두 동일한 효력을 갖는다.
- 직접 선거는 선거권을 가진 국민이 직접 투표하여 자신의 대표를 뽑는다.
- 비밀 선거는 투표한 사람이 어느 후보에게 투표했는지, 어떤 정당을 선택했는지 다른 사람이 알지 못하게 비밀이 보장된다.

06 한 사건에 대해서 3번까지 재판을 할 수 있는데, 최종 판결을 내리는 최고법원은 어디인가요?

대법원입니다.

> **해설** 법원은 지방법원, 고등법원, 대법원으로 이루어져 있으며 그중 대법원이 최고법원이다. 지방법원에서 1심 재판을, 고등법원에서 2심 재판을, 대법원에서 3심 재판을 진행한다. 청소년 범죄 및 가족과 관련된 재판은 가정법원에서 진행하고 있다.

07 대통령이 임기 중에 돌아가시거나 어떤 일로 인해 업무를 볼 수 없을 때 대통령을 대신하여 사무를 보는 사람은 누구인가요?

국무총리입니다.

> **해설** 행정부의 최고 책임자는 대통령이고, 국무총리는 2인자의 역할을 한다. 국무총리는 대통령을 도와 행정부를 종합적으로 관리한다. 또한 행정부에 소속된 법무부, 외교부, 교육부 등의 각 부는 장관을 중심으로 여러 가지 정책을 집행하고 있다.

08 대중교통을 이용할 때 지켜야 할 질서에 대해 말해 보세요.

지하철을 탈 때는 내리는 사람이 모두 내린 후에 탑니다. 버스는 앞문으로 타고 뒷문으로 내립니다. 또한 줄을 서서 타야 하고 새치기를 하면 안 됩니다. 버스나 지하철 안에서 큰 소리로 시끄럽게 떠들거나 음식물을 먹으면 안 됩니다. 할아버지, 할머니, 몸이 불편한 사람이 앉을 수 있도록 교통약자석에는 앉지 않고 임산부나 노약자에게 자리를 양보해야 합니다.

09 일제강점기에 한국에 있었던 대표적인 독립운동에 대해 말해 보세요.

대표적인 독립운동에는 1919년 3월 1일에 일어난 3·1 운동이 있습니다. 1910년 한국은 일본에 주권을 빼앗겼습니다. 그래서 한국인들은 나라의 독립을 이루기 위해 3월 1일에 서울에서 독립선언서를 낭독하고 만세 운동을 벌였고, 이는 전국적으로 퍼져 나갔습니다. 3·1 운동은 한국이 독립을 얼마나 원하는지 전 세계에 알린 중요한 사건입니다.

Level Up Tip

독립운동가

3·1 운동에 참여했던 대표적인 인물로는 유관순이 있다. 유관순은 학생이었으나 태극기를 흔들며 시위를 이끌다 체포되었다. 그 후 일본 경찰의 고문으로 19세의 어린 나이에 옥중에서 목숨을 잃었다. 3·1 운동을 계기로 중국 상하이에 대한민국 임시정부가 세워졌고 많은 사람이 한국의 독립을 위해 노력했다. 김구는 대한민국 임시정부에서 한국광복군을 이끌었고, 이승만은 외교에 힘을 쏟았으며, 안창호는 독립신문을 발행했다. 또한 안중근은 일본의 총리였던 이토 히로부미를 죽이고 사형을 당했으며 윤봉길도 일본 고위 간부에게 폭탄을 던지고 순국했다.

10 음력 1월 1일은 무슨 날인가요?

설날입니다.

해설 음력 1월 1일은 한국의 명절인 설날로, 가족이 모두 모여서 차례를 지내고 웃어른께 세배를 한다. 또한 설날에는 가족이 함께 떡국을 먹는다. 떡국은 긴 가래떡을 썰어서 끓인 음식인데, 한 해의 때를 벗고 깨끗해지고 건강하게 오래 살라는 의미가 있다.

11 한국의 전통 무예를 바탕으로 한 운동으로, 손과 발을 사용해서 상대방과 겨루는 운동은 무엇인가요?

태권도입니다.

해설 태권도는 2000년에 올림픽의 정식 종목으로 채택되었다.

12 한국에서 제일 긴 고속도로는 무엇인가요?

경부고속도로입니다. 경부고속도로는 부산과 서울을 잇는 고속도로입니다.

13 한국의 4대 보험에 대해 말해 보세요.

건강보험, 고용보험, 국민연금, 산업재해보상보험이 있습니다.

> **해설** 한국의 4대 보험에는 건강보험, 고용보험, 국민연금, 산업재해보상보험이 있다. 4대 보험은 의무가입이 원칙이고, 주로 직장에 다니는 사람이나 사업을 하는 사람이 그 대상이다.

Level Up Tip

한국의 4대 보험
- 건강보험: 질병이나 부상으로 병원에 가서 치료를 받을 경우 의료비의 일부를 지원받는 제도
- 고용보험: 직장에서 해고당한 근로자에게 생활에 필요한 돈을 지급하고 다시 취업할 수 있도록 지원하는 제도
- 국민연금: 정년퇴직 후 연금 형태로 일정 소득액을 꾸준히 받을 수 있도록 하는 제도
- 산업재해보상보험: 산재보험이라고도 하며, 일을 하다가 다쳤을 때 의료비를 지원해 주고 일을 하지 못하게 되는 경우 생활비를 지원해 주는 제도

14 남한과 북한이 휴전을 하기로 약속한 장소는 어디인가요?

판문점입니다.

> **해설** 판문점은 경기도 파주에 위치한 비무장지대 군사 분계선에 걸쳐 있는 공동경비구역을 말한다. 1953년 7월 27일에 이곳에서 정전 협정이 이루어졌다.

15 한국과 군사적, 정치적, 경제적으로 밀접한 관계를 맺고 있는 대표적인 우방국가는 어디인가요?

미국입니다.

> **해설** 미국은 6·25 전쟁 때 한국을 지원하였으며 현재까지도 한국과 군사적·정치적·경제적으로 밀접한 관계를 맺고 있는 대표적인 우방국가이다.

2회 실전 모의평가

01 광복절, 3·1절 등 국경일에 부르는 노래는 무엇인가요?

애국가입니다.

> 해설 애국가는 한국의 국가로 한국을 대표하는 노래이다. 애국가는 중요한 행사나 기념식을 할 때 다 같이 부른다.

02 현재 일본과 영토 분쟁이 있는 한국의 섬은 어디인가요?

독도입니다.

> 해설 독도는 행정구역상 경상북도 울릉군에 속한 섬으로 한국의 영토 중 가장 동쪽에 있다. 일본은 이러한 독도가 자국의 영토라며 분쟁을 일으키고 있다. 하지만 역사적으로 보면 6세기 신라 지증왕 때부터 독도가 한국의 영토임을 증명해 주는 많은 문헌이 있고, 현재 한국의 영토에 속해 있기 때문에 국제적으로 일본의 논리는 받아들여지지 않고 있다.

03 한국의 대통령 중 노벨평화상을 받은 대통령은 누구인가요?

김대중 전 대통령입니다.

> 해설 김대중 전 대통령은 한국 민주주의의 발전과 남북통일을 위해 노력하였으며, 2000년에는 최초로 남북정상회담을 하였다. 이러한 노력을 인정받아 김대중 전 대통령은 한국인 최초로 노벨평화상을 수상하였다.

04 삼국 시대에 어떤 나라들이 있었는지 말해 보세요.

백제, 고구려, 신라가 있었습니다.

> 해설 삼국 시대에 신라, 고구려, 백제의 순으로 나라가 건국되었으나 발전은 백제, 고구려, 신라 순으로 이루어졌고 신라가 삼국을 통일하였다.

05 조선 시대에 억울한 일을 당한 백성들이 왕에게 억울함을 알리기 위해 두드리던 북은 무엇인가요?

신문고입니다.

> **해설** 신문고는 조선 시대에 백성들의 억울한 일을 왕이 직접 해결해 주기 위해서 대궐 밖에 달았던 북이다. 백성들은 이 북을 쳐서 왕에게 억울함을 알릴 수 있었다.

06 국가에 세금을 납부할 의무는 무엇인가요?

납세의 의무입니다.

> **해설** 한국 국민에게는 4대 의무가 주어진다. 4대 의무란 납세의 의무, 국방의 의무, 교육의 의무, 근로의 의무를 말한다.

Level Up Tip

국민의 4대 의무
- 납세의 의무: 세금을 납부할 의무
- 국방의 의무: 나라를 지킬 의무
- 교육의 의무: 부모가 자신의 자녀를 초등학교와 중학교에 보내서 9년간 의무교육을 받게 할 의무
- 근로의 의무: 국민이 자신의 능력 범위 내에서 정당한 근로를 통해 생활해야 할 의무

07 선거에서 당선된 대통령이 포함된 당을 여당이라고 한다면 다른 당은 무엇이라고 하나요?

야당이라고 합니다.

> **해설** 정당이란 정치에 대해 비슷한 생각을 가진 사람들이 자발적으로 만든 단체를 말하는데, 한국에서는 민주주의의 실현을 위해 복수정당제를 보장하고 있다. 대통령이 소속되어 있는 정당을 여당이라고 하며 그 외의 당은 야당이라고 한다.

08 한국의 광역시 6개를 모두 말해 보세요.

부산광역시, 인천광역시, 대구광역시, 대전광역시, 광주광역시, 울산광역시가 있습니다.

> **Level Up Tip**
>
> **한국의 광역자치단체 구분**
> - 특별시: 서울특별시
> - 광역시: 부산광역시, 인천광역시, 대구광역시, 대전광역시, 광주광역시, 울산광역시
> - 특별자치시: 세종특별자치시
> - 도: 경기도, 충청북도, 충청남도, 전라남도, 경상북도, 경상남도
> - 특별자치도: 제주특별자치도, 강원특별자치도, 전북특별자치도

09 등기부 등본에 대해 설명해 보세요.

땅이나 집 등의 부동산에 대한 권리 관계가 적혀 있는 공적인 문서로 부동산 계약을 할 때 반드시 확인해야 합니다. 등기부 등본은 등기소나 인터넷등기소에서 뗄 수 있습니다.

10 매년 음력 8월 15일로 한가위라고 부르기도 하는 명절의 이름은 무엇인가요?

추석입니다.

해설 추석은 음력 8월 15일로 한국의 명절 중 하나이다. 가족이 모여서 일 년 동안 농사가 잘 되도록 도와준 조상에게 차례를 지내고 성묘를 한다. 밤에는 보름달을 보면서 소원을 빌기도 한다. 그 해에 수확한 햅쌀과 햇곡식으로 송편을 만들어 먹는다.

11 돌아가신 조상을 추모하는 것으로 설날이나 추석에 지내는 제사는 무엇인가요?

차례입니다.

해설 조상이 돌아가신 날에 돌아가신 조상을 추모하는 것을 제사라고 하고, 명절에 지내는 제사는 차례라고 한다.

12 한국에서 제일 큰 섬은 어디인가요? 그곳에 있는 산의 이름도 말해 보세요.

한국에서 제일 큰 섬은 제주도이고, 제주도에 있는 산은 한라산입니다. 한라산은 한국에서 가장 높은 산입니다.

13 경주에 가면 볼 수 있는 대표적인 문화재를 말해 보세요.

불국사와 석굴암, 첨성대 등이 있습니다.

> **해설** 경주의 문화재
> - 불국사는 경주의 토함산에 위치한 사찰로 통일신라 때 지어졌으며 유네스코 세계유산으로 지정되었다. 불국사에 가면 10원 동전에 새겨진 다보탑이 있다.
> - 석굴암은 통일신라 때 세워진 한국의 대표적인 석굴사원으로 유네스코 세계유산으로 지정되었다.
> - 첨성대는 천문을 관측하던 건물로 신라 시대 때 만들어졌다.

14 6·25 전쟁에 대해 설명해 보세요.

1950년 6월 25일에 소련의 지원을 받은 북한이 기습적으로 남한을 침략한 전쟁을 말합니다. 소련과 중국은 북한을 지원하고 UN군과 미군은 남한을 지원했습니다. 이 전쟁은 3년 동안 계속되다가 1953년 7월 27일의 정전 협정으로 멈추었습니다.

15 통일을 위해 어떤 노력을 해야 하는지 말해 보세요.

통일을 위해서는 먼저 남한과 북한의 체제를 정확히 이해하고, 체제의 차이에서 오는 문제들에 대한 대비가 필요합니다. 오랜 시간 분단되어 살아왔기 때문에 달라진 모습이 하나가 될 수 있도록 지속적으로 교류하고 협력하여 한민족으로서의 정체성을 확립해 가야 합니다. 또한 남한과 북한이 서로를 이해하고 존중하며, 서로에게 신뢰를 줄 수 있는 책임감 있는 모습을 보여야 할 것입니다.

3회 실전 모의평가

01 오만 원권 지폐에 실린 사람은 누구인가요?

신사임당입니다. 한국의 지폐에 실린 유일한 여성입니다.

02 현충일의 국기 게양법에 대해 설명해 보세요.

현충일에는 조기 게양합니다. 조기 게양이란 깃봉에서 태극기의 세로 길이만큼 아래로 내려서 다는 것을 말합니다.

> 해설 현충일은 나라를 위해 자신의 목숨을 바친 순국선열을 기리는 날이므로 조의를 표하는 조기 게양을 해야 한다.

03 한국을 '코리아'라고 하는데, 그 이유는 무엇인지 설명해 보세요.

고려는 바다를 통해 여러 나라와 교류했습니다. 그중 아라비아 상인들이 고려를 '코리아'라고 발음하던 것이 굳어져 현재 한국의 영문 국가명이 되었습니다.

04 세종대왕이 비의 양을 측정하기 위해 만든 기구는 무엇인가요?

측우기입니다.

> 해설 세종대왕은 문화와 과학기술의 발달에 관심이 많았다. 대표적인 발명(품)으로 훈민정음, 자격루, 앙부일구, 혼천의 등이 있다. 훈민정음은 '백성을 가르치는 바른 소리'라는 뜻으로 현재의 한글을 말하며, 자격루는 물시계, 앙부일구는 해시계, 혼천의는 천체관측기구이다.

05 국민의 4대 의무에 대해 말해 보세요.

국민의 4대 의무란 헌법에 나와 있는 국민의 의무를 말합니다. 납세의 의무, 국방의 의무, 교육의 의무, 근로의 의무가 있습니다.

> **해설** 한국의 헌법에는 국민의 4대 의무가 명시되어 있다. 이는 납세의 의무, 국방의 의무, 교육의 의무, 근로의 의무를 말한다. 이외에 추가로 재산권 행사 공공복리 적합의 의무, 환경 보전의 의무를 더해 6대 의무라고 하기도 한다.

Level Up Tip
- 재산권 행사 공공복리 적합의 의무: 재산의 자유가 보장되지만 지나친 자신의 이익 추구보다는 공공의 이익을 고려해야 한다는 의무
- 환경 보전의 의무: 환경을 보호해야 할 의무

06 고려 시대에 몽골이 침입하였을 때, 부처님의 힘으로 몽골을 물리치기 위해 만든 것으로 유네스코 세계기록유산 중 하나인 이것은 무엇인가요?

팔만대장경판입니다.

> **해설** 팔만대장경판은 불경을 인쇄하기 위해 만든 목판으로 글자의 모양이 정교하고 아름다울 뿐만 아니라 8만여 판에 이르는 큰 규모를 이루고 있다. 현재 합천 해인사에 보관되어 있다.

07 법을 지키는 사람이 없다면 어떻게 될지 설명해 보세요.

법을 지키는 사람이 없다면 사회는 심각한 무질서 상태가 되면서 혼란이 발생할 것입니다. 사람들은 누군가에 의해 피해를 입을지도 모른다는 불안 속에서 하루하루를 살아갈 것입니다. 그러므로 모든 사람이 안전하고 편안하게 생활하기 위해서 법을 꼭 지켜야 합니다.

08 환경 오염을 막기 위해 우리가 해야 할 일을 말해 보세요.

쓰레기는 분리수거해야 하며 일회용품 사용을 줄이고, 비닐봉투 대신 장바구니나 보온병을 사용해야 합니다.

09 추석에는 어떤 음식을 먹나요?

송편을 먹습니다.

> **해설** 송편은 추석에 먹는 대표적인 음식으로 반달 모양의 떡이다. 그 해에 수확한 햅쌀과 햇곡식으로 만들어 먹는다.

10 겨울 동안 먹을 김치를 초겨울에 많이 담그는 것은 무엇인가요?

김장입니다.

11 고향에서 친구나 가족이 한국에 놀러 온다면 같이 가고 싶은 곳은 어디인가요?

저는 한국의 수도이자 과거와 현재가 공존하는 서울에 함께 가고 싶습니다. 서울은 과거의 모습을 보고 느낄 수 있는 경복궁, 인사동, 남산 한옥마을 등이 있고 명동, 동대문 시장 등 편리한 쇼핑 공간도 있습니다. 또한 청와대나 국회와 같은 국가 주요 기관도 있어서 관광을 하기에 좋다고 생각합니다.

12 조선 시대의 문화유산이 잘 보존되어 있는 안동의 역사적인 마을은 어디인가요?

안동 하회마을입니다.

> **해설** 안동 하회마을은 경상북도 안동에 있는 역사 마을로 기와집과 초가집이 옛 모습 그대로 잘 보존되어 있다. 이러한 가치를 인정받아 안동 하회마을은 유네스코 세계유산으로 지정되었다.

13 강원도의 대표적인 관광지를 말해 보세요.

강원도에는 설악산, 오대산, 동해 등 관광지가 많습니다. 설악산과 오대산은 아름다운 경치로 유명합니다. 동해는 바닷물이 맑아 경포대, 낙산 등의 해수욕장이 있습니다.

14 한국과 무역을 제일 많이 하는 나라는 어디인가요?

중국입니다.

> **해설** 2024년 기준 한국과 무역을 많이 하는 나라로는 중국, 미국, 베트남, 대만, 일본 등이 있다.

15 독도가 일본 땅이라고 알고 있는 친구에게 어떻게 설명해야 하나요?

독도의 행정구역은 경상북도 울릉군으로 현재 한국의 영토에 속한 섬이라는 것을 알려 주겠습니다. 또한 6세기 신라 지증왕 때부터 독도가 한국의 영토임을 증명해 주는 많은 문헌이 있다는 것을 설명하겠습니다.

4회 실전 모의평가

01 10월 9일은 무슨 날인가요?

한글날입니다.

02 3·1절에 대해 설명해 보세요.

3·1절은 일본의 지배에 저항하여 1919년 3월 1일에 국민들이 일으킨 독립 만세 운동을 기념하는 날입니다.

03 이순신 장군과 권율 장군은 어떤 전쟁에서 승리를 했나요?

이순신 장군과 권율 장군은 모두 임진왜란 때 활약한 장군입니다. 이순신 장군은 한산도 앞바다에서 일본군의 배를 침몰시켰습니다. 이 전쟁을 한산도대첩이라고 합니다. 권율 장군은 행주산성에서 일본군에게 승리했는데, 이 전쟁은 행주대첩이라 부릅니다.

> **Level Up Tip**
>
> 임진왜란의 3대 대첩
> - 한산도대첩: 이순신 장군이 한산도 앞바다에서 일본군을 크게 물리친 전투
> - 진주대첩: 임진왜란 때 진주에서 조선군과 일본군이 벌인 2번의 전투로 김시민 장군이 선생을 승리로 이끎
> - 행주대첩: 권율 장군이 행주산성에서 일본군을 크게 물리친 전투로 부녀자들이 행주치마에 돌을 담아 날라서 적에게 큰 피해를 입힘

04 한글학회에서 활동한 '주시경'의 업적은 무엇인가요?

주시경은 세종대왕이 만든 훈민정음의 명칭을 '한글'로 바꾸었습니다. 그리고 일제 강점기에 우리말과 우리글을 연구하여 한국 국민들에게 민족의식을 심어 주고자 노력하였습니다.

05 국민이 국가의 주인이고, 국민을 위한 정치가 이루어지는 제도는 무엇인가요?

민주주의입니다.

해설 민주주의는 국가의 주권이 국민에게 있고 국민을 위해서 정치를 하는 제도를 말한다.

06 한국에서는 누구나 행복을 누릴 권리가 있나요? 있다면 그 근거는 무엇인가요?

한국에서는 누구나 행복을 누릴 권리가 있습니다. 국가 최고법인 헌법에 '모든 국민은 인간으로서의 존엄과 가치를 가지며, 행복을 추구할 권리를 가진다.'라고 쓰여 있습니다.

해설 헌법 제10조에는 '모든 국민은 인간으로서의 존엄과 가치를 가지며, 행복을 추구할 권리를 가진다.'라고 명시되어 있다.

07 국민의 일자리 환경을 좋게 만들기 위해 노력하는 중앙행정기관은 어디인가요?

고용노동부입니다.

> **해설** 고용노동부는 행정부에 속한 기관으로서 근로자가 산업 현장에서 활기차게 일할 수 있도록 돕고, 일자리 창출을 위해 노력하는 일을 한다.

08 한국의 특별자치도는 어디인가요?

제주특별자치도, 강원특별자치도, 전북특별자치도입니다.

> **해설** 제주도는 한국 영토의 가장 남쪽에 위치한 섬으로 국제적인 관광 도시로 발전시키기 위해 2006년에 특별자치도로 지정하였다. 강원도는 한국 영토의 동쪽에 위치해 있으며 80%가 산지로 이루어져 있다. 2023년에 특별자치도로 명칭을 변경하였다. 전라도는 한국 영토의 서남부에 위치해 있으며 호남평야와 나주평야를 중심으로 벼농사가 발달하였다. 2024년에 특별자치도로 명칭을 변경하였다.

Level Up Tip

2024년 1월부터 전라북도가 전북특별자치도로 명칭이 변경되었다. 2006년 제주특별자치도, 2023년 강원특별자치도에 이어 세 번째로 출범하였다.

09 금융실명제는 어떤 제도인가요?

금융 거래를 할 때 다른 사람의 이름이 아니라 본인의 이름으로 금융 거래를 해야 하는 것을 말합니다.

10 추석에 여자들이 한복을 입고 동그랗게 서서 돌며 뛰노는 전통 놀이는 무엇인가요?

강강술래입니다.

> **해설** 강강술래는 밝은 보름달이 뜬 밤에 여자들이 모여서 손을 잡고 동그랗게 원을 만들어 돌면서 춤을 추는 것을 말한다. 강강술래는 유네스코 무형문화유산으로 지정되었다.

11 비빔밥을 만드는 방법을 설명해 보세요.

비빔밥은 밥 위에 고기와 여러 가지 나물을 올리고 고추장과 참기름을 넣고 비벼서 먹는 음식입니다.

12 세계 5대 갯벌 중 하나로 다양한 철새를 볼 수 있는 인천광역시의 갯벌은 어디인가요?

강화도 갯벌입니다.

> 해설 세계 5대 갯벌에는 유럽의 북해 갯벌, 아마존 하구 갯벌, 미국 동부 해안 갯벌, 캐나다 동부 해안 갯벌과 한국의 서해안 갯벌이 있다. 강화도 갯벌은 서남해안 갯벌의 11.4%를 차지할 정도로 넓다.

13 충청남도 공주와 부여에서 볼 수 있는 문화재에는 어떤 것이 있나요?

공주와 부여에 가면 백제 시대의 문화재를 볼 수 있습니다. 공주에는 무령왕릉이 있고, 부여에는 정림사지 5층 석탑이 있습니다.

14 남한과 북한의 분단을 상징하는 것에는 무엇이 있나요?

판문점과 휴전선이 있습니다.

> 해설 판문점은 정전 협정이 이루어진 곳으로 경기도 파주에 위치한 비무장지대 공동경비 구역이다. 휴전선은 1953년 7월 27일 6·25 전쟁이 끝난 후 남한과 북한 사이에 만들어진 경계선을 말한다.

15 6 · 25 전쟁 때는 한국과 적대국이었지만 지금은 한국과 기술, 에너지, 자원 등 여러 부문에서 협력하고 있는 나라는 어디인가요?

러시아입니다.

> **해설** 러시아는 6 · 25 전쟁 당시에는 북한을 지원하였으나 현재는 한국과 기술, 에너지, 자원 부문에서 교류하며 우호적인 관계를 유지하고 있다.

5회 실전 모의평가

실전 모의평가 p.123

01 만 원권 지폐에 실린 사람은 누구인가요?

세종대왕입니다.

02 한국의 헌법이 최초로 반포된 것을 기념하는 날은 무엇인가요?

제헌절입니다. 제헌절은 7월 17일입니다.

> **해설** 한국은 민주주의에 바탕을 둔 공화국이다. 해방 후 많은 논의 끝에 1948년 5월 10일에 총선거가 실시되었고, 1948년 7월 17일에 최초로 헌법이 제정되었다. 그리고 1948년 8월 15일에 한국 정부가 수립되었다.

03 한국 역사상 가장 넓은 영토를 차지한 왕은 누구인가요?

고구려의 광개토대왕입니다.

> **해설** 광개토대왕은 고구려의 왕으로 한국 역사상 가장 넓은 영토를 차지하였다. 신라가 일본의 침략을 받아 어려움을 겪을 때 군대를 보내 일본군을 몰아내기도 했다. 현재 중국에 있는 광개토대왕릉비에 이러한 광개토대왕의 업적이 기록되어 있다.

04 이성계가 지금의 서울을 수도로 하여 세운 나라는 무엇인가요?

조선입니다.

> **해설** 이성계는 1392년에 한양(지금의 서울)을 수도로 삼고 유교를 기반으로 조선을 세웠다. 조선은 유교 사회였기 때문에 나라에 대한 충성, 부모에 대한 효와 예절을 중요하게 여겼으며, 현재까지도 이러한 사상이 남아 있어 한국 사람들이 효와 예를 중시하는 모습을 볼 수 있다. 그리고 양반, 중인, 상민, 천민 등으로 신분을 나누었다.

05 한국에서 모든 법의 기준이 되는 법은 무엇인가요?

헌법입니다.

> **해설** 헌법은 모든 법보다 가장 우선되는 최고 권한을 가진다. 모든 법률은 헌법에 위배되지 않도록 만들어져야 하며, 헌법과 맞지 않을 경우 법률을 개정하거나 폐지해야 한다. 따라서 헌법재판소를 설치하여 9명의 헌법재판관이 법률이나 정책 등이 헌법과 일치하는지 여부를 판단한다.

06 돈이 많은 민수와 돈이 없는 영희가 똑같이 한 표를 투표합니다. 이것을 무슨 선거라 하나요?

평등 선거라고 합니다.

> **해설** 민주주의에서 선거는 정치에 참여하는 가장 기본적인 방법이다. 선거에는 4가지 원칙이 있는데, 보통 선거, 평등 선거, 직접 선거, 비밀 선거이다.

Level Up Tip

한국의 선거 원칙
- 보통 선거는 만 18세 이상 한국 국민은 누구나 선거에 참여할 수 있다.
- 평등 선거는 조건에 관계없이 공평하게 한 표씩 투표하고, 각 표는 모두 동일한 효력을 갖는다.
- 직접 선거는 선거권을 가진 국민이 직접 투표하여 자신의 대표를 뽑는다.
- 비밀 선거는 투표한 사람이 어느 후보에게 투표했는지, 어떤 정당을 선택했는지 다른 사람이 알지 못하게 비밀이 보장된다.

07 외국인이 90일을 초과하여 한국에 체류하려고 할 때 출입국·외국인청에서 발급받아야 하는 것은 무엇인가요?

외국인등록증입니다.

> **해설** 외국인이 90일을 초과하여 한국에 체류하려면 출입국·외국인청에 방문하여 외국인등록을 해야 한다. 외국인등록을 하면 2주 이내에 외국인등록증을 발급해 준다.

08 국민행복카드에 대해 설명해 보세요.

한국 정부는 출산을 장려하고 자녀 양육에 대한 부담을 줄여 주기 위해서 여러 가지 지원을 하고 있습니다. 국민행복카드는 건강보험에 가입한 임산부에게 임신과 출산, 양육에 필요한 비용을 지원하고 취학 전 아동의 유아 학비와 보육비를 지원해 주는 제도입니다.

> **해설** 출산과 보육을 지원하는 제도
> - 국민행복카드: 건강보험에 가입한 임산부에게 임신, 출산, 양육에 필요한 비용을 지원하고 취학 전 아동의 유아 학비와 보육비를 지원해 주는 제도
> - 양육수당: 아이를 어린이집이나 유치원에 보내지 않고 집에서 양육하는 경우에 초등학교 입학 전까지 연령에 따라서 10~20만 원을 지원해 주는 제도

Level Up Tip
기존에는 '아이행복카드'와 '국민행복카드'로 나뉘어 운영되었으나 2021년 4월부터 '국민행복카드'로 통합되어 운영되고 있다.

09 아이의 첫 번째 생일을 축하하는 잔치를 무엇이라고 하나요?

돌잔치입니다.

> **해설** 한국에서는 생일에 미역국을 먹고 가족이나 친구와 식사를 함께 하며 선물을 주고받는다. 생일 중 특별히 잔치를 벌여 크게 축하해 주는 때가 있는데 다음과 같다.
> - 백일잔치: 아기가 태어나서 100일 되는 날을 축하하는 잔치
> - 돌잔치: 아기가 태어나서 1년이 되는 날을 축하하는 잔치
> - 환갑잔치: 61세(만 60세) 생일을 축하하는 잔치
> - 칠순잔치: 70세 생일을 축하하는 잔치

10 돌잔치에서 아이에게 주는 선물은 무엇인가요? 왜 그 선물을 주나요?

한국 사람들은 돌잔치에 가서 돌을 맞은 아기에게 금반지를 선물합니다. 금은 세월이 지나도 잘 변하지 않아서 건강하게 잘 자라라는 의미를 담고 있기 때문입니다. 하지만 요즘은 금값이 비싸져서 금반지 대신 축의금을 내는 경우도 많아졌습니다.

11 한국의 세계유산을 아는 대로 말해 보세요.

한국의 세계유산으로는 수원 화성, 석굴암과 불국사, 해인사 팔만대장경, 종묘, 창덕궁, 그리고 고창·화순·강화에 있는 고인돌 유적 등이 있습니다.

12 강원도에 아름답고 유명한 관광지가 많은 이유를 설명해 보세요.

강원도에는 태백산맥과 동해가 있어서 아름다운 관광지가 많기로 유명합니다. 설악산과 오대산은 아름다운 경치를 자랑하고, 동해는 바닷물이 맑아 해수욕장이 많습니다. 그래서 사람들이 강원도로 여행을 많이 갑니다.

13 2018년에 북한과 남북정상회담을 한 한국의 대통령은 누구인가요?

문재인 전 대통령입니다.

> **해설** 남북정상회담
> 2000년 남북정상회담 개최(김대중 전 대통령-김정일 전 국방위원장)
> 2007년 남북정상회담 개최(노무현 전 대통령-김정일 전 국방위원장)
> 2018년 남북정상회담 개최(문재인 전 대통령-김정은 국무위원장)

14 한국과 밀접한 관계가 있고, 한자, 유교, 불교 등 문화적으로 많은 교류를 해 왔으며 현재 한국의 주요 교역국인 나라는 어디인가요?

중국입니다.

> **해설** 중국은 한국에 한자, 유교, 불교 등 문화적으로 많은 영향을 준 국가이다. 6·25 전쟁 당시에는 한국과 적대국이었지만, 1992년에 한국과 중국이 수교를 맺으면서 교류가 크게 늘어났다. 현재는 한국과 무역을 가장 많이 하는 나라이다. 또한 중국은 남한과 북한의 관계 개선에도 중요한 역할을 하고 있다.

15 조선 시대 제주도에 흉년이 들자 자신의 돈으로 쌀을 사서 제주도 백성을 구한 사람은 누구인가요?

김만덕입니다.

> **해설** 김만덕은 조선 시대에 제주도에서 태어나 어릴 때 부모를 잃고 힘들게 살았다. 장사를 해서 큰돈을 번 김만덕은 제주도에 흉년이 들자 사람들이 굶어 죽지 않도록 자신의 돈으로 쌀을 사서 사람들에게 나누어 주었다. 이 소식이 당시 조선의 임금인 정조에게 알려졌고, 정조는 그녀를 크게 칭찬하며, 왕이 계신 궁궐에도 가 보고 싶고, 금강산 구경도 하고 싶다는 그녀의 소원을 모두 이루어 주었다. 지금도 제주도에서는 매년 김만덕처럼 착한 일을 한 사람에게 '김만덕상'을 주고 있다.

6회 실전 모의평가

실전 모의평가 p.126

01 대한민국 국민의 권리에는 무엇이 있는지 말하고 그중 2개를 설명해 보세요.

국민의 권리에는 평등권, 자유권, 참정권, 사회권, 청구권이 있습니다. 그중 평등권은 성별, 종교, 인종, 직업 등 어떠한 이유로도 부당하게 차별을 받지 않을 권리를 말하고, 자유권은 국가 권력으로부터 개인의 자유가 함부로 제한받지 않을 권리를 말합니다.

> **해설** 참정권은 정치에 참여할 수 있는 권리이고, 사회권은 인간다운 생활에 필요한 최저 수준을 보장받을 수 있는 권리를 말한다. 청구권은 국가에 일정한 요구를 할 수 있는 권리로 청원권, 재판 청구권, 손해배상 청구권이 이에 속한다.

02 한국의 천 원권 지폐에 등장하는 인물은 누구인가요?

이황입니다.

> **해설** 한국의 천 원권 지폐에는 이황, 오천 원권에는 이이, 만 원권에는 세종대왕, 오만 원권에는 신사임당이 등장한다. 이황과 이이는 조선 시대의 뛰어난 학자였고, 세종대왕은 조선 시대의 네 번째 왕으로 훈민정음을 만들었다. 신사임당은 오천 원권에 있는 이이의 어머니로 그림에 재능이 있었고 학식이 높았다.

03 1932년 중국 상하이에서 일본군의 승리를 축하하기 위해서 많은 일본인이 훙커우 공원에 모였는데 이때 공원에 들어가 단상에 폭탄을 던진 독립운동가는 누구인가요?

윤봉길입니다.

04 모든 금융 거래를 할 때 본인의 이름으로만 하도록 한 제도는 무엇인가요?

금융실명제입니다.

05 10월 3일은 무슨 날인가요?

개천절입니다. 한국 최초의 국가인 고조선이 세워진 것을 기념하는 날입니다.

> **해설** 한국의 국경일 및 기념일에는 삼일절(3월 1일), 제헌절(7월 17일), 광복절(8월 15일), 개천절(10월 3일), 한글날(10월 9일), 현충일(6월 6일), 국군의 날(10월 1일) 등이 있습니다.

06 해동성국이라고 불리는 나라의 이름은 무엇인가요?

발해입니다.

> **해설** 발해는 대조영이 건국한 나라로 고구려 문화를 바탕으로 세워졌다. 해동성국이라고 불리었는데 이는 '바다 동쪽에서 번성한 나라'라는 뜻이다.

07 보통 선거의 의미를 설명해 보세요.

만 18세 이상 대한민국 국민은 누구나 선거에 참여할 수 있습니다. 이것을 보통 선거라고 합니다.

> **해설** 선거의 4대 원칙은 보통 선거, 평등 선거, 직접 선거, 비밀 선거이다. 평등 선거는 성별, 재산, 학력, 권력 등 조건에 관계없이 공평하게 한 표씩 투표하는 것을 말한다. 직접 선거는 투표권을 가진 사람이 직접 투표하는 것을 말하고, 비밀 선거는 어떤 후보에 투표했는지, 어느 정당에 투표했는지 다른 사람이 알지 못하게 하는 것을 말한다.

08 스스로 생계를 유지할 능력이 없거나 생활이 어려운 저소득층에게 국가나 지방자치단체가 교육, 주거, 의료 등 기본 생활을 보장해 주는 제도는 무엇인가요?

국민기초생활보장제도입니다.

09 프랑스어로 한국을 꼬레(Corée)라고 하는데 한국의 정식 국호는 무엇인가요?

대한민국입니다.

> **해설** 한국의 정식 국호는 대한민국이고, 한자로는 大韓民國, 영어로는 Republic of Korea라고 합니다.

10 초등학교, 중학교, 고등학교, 대학교 및 평생 교육 등에 관한 일을 담당하는 중앙 행정기관은 어디인가요?

교육부입니다.

11 북한이 남한을 침략해서 일어난 전쟁을 무엇이라고 부르며, 언제 일어났나요?

6 · 25 전쟁이라고 하는데 1950년 6월 25일에 일어났습니다.

> **해설** 6 · 25 전쟁은 1950년 6월 25일에 북한이 남한을 침략해서 일어난 전쟁으로, 1953년 7월 27일에 판문점에서 정전 협정이 체결되면서 약 3년간의 전쟁이 멈추었다.

12 훈민정음은 무슨 뜻인가요?

훈민정음은 백성을 가르치는 바른 소리라는 뜻으로, 세종대왕이 처음 한글을 만들었을 때 훈민정음이라고 알렸습니다.

13 근로자의 기본 생계를 유지할 수 있도록 임금으로 받을 수 있는 금액을 법적으로 정해 놓은 제도는 무엇인가요?

최저임금제도입니다.

14 나라 살림에 필요한 예산을 확정하고 국정 감사를 실시하며 국민을 위한 법을 만드는 곳은 어디인가요?

국회입니다.

> **해설** 한국은 국가 권력을 입법부, 사법부, 행정부로 나눈다.
> - 입법부는 법을 만드는 역할을 하는 곳으로 한국에서는 국회가 그 역할을 담당하고 있다.
> - 사법부는 법을 해석·적용하는 곳으로 법에 따라 분쟁을 해결하며 한국에서는 법원이 그 역할을 담당하고 있다.
> - 행정부는 국민에게 필요한 정책을 직접 집행하고 나라의 살림을 이끌어 가는 곳으로 한국에서는 정부가 그 역할을 담당하고 있다.

15 근로자들의 능력을 개발하는 프로그램으로 한국 산업에 필요한 인력을 길러내는 국가 기관은 어디인가요?

한국산업인력공단입니다.

05 이번 여름휴가에 친구와 여행을 가고 싶어요. 다음 ①, ②를 보고 여행 계획을 말해 보세요.

①	②
• 부산 • 해운대 • 수영을 하다, 사진을 찍다 • 호텔	• 강원도 • 설악산 • 등산을 하다, 캠핑을 하다 • 캠핑장

(1) 저는 이번 여름휴가에는 부산에 가고 싶어요. 해운대에서 수영을 하고 사진을 찍을 거예요. 그리고 호텔에서 쉬고 싶어요.

(2) 저는 이번 여름휴가에는 강원도에 가고 싶어요. 설악산에서 등산을 할 거예요. 그리고 캠핑장에 가서 캠핑을 할 거예요.

2회 실전 모의평가

실전 모의평가 p.135

01 다음을 소리 내어 읽어 보세요.

> 어제는 동생의 졸업식이었습니다. 가족이 모두 축하해 주었습니다. 아버지는 동생에게 시계를 선물해 주셨습니다. 저는 사진을 많이 찍어 주었습니다. 졸업식 후에 우리 가족은 학교 앞 식당에서 불고기를 먹었습니다. 불고기가 정말 맛있었습니다. 어제 우리 가족은 기분이 좋은 하루를 보냈습니다.

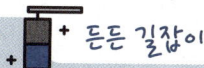 든든 길잡이

밑줄 친 부분의 발음에 주의하면서 읽습니다. 너무 빨리 읽거나 너무 느리게 읽지 않습니다.
졸업식[조럽씩]   축하해[추카해]   맛있었습니다[마시썯씀니다]

02 (1) 동생은 누구에게 무슨 선물을 받았어요?

동생은 아버지께 시계를 받았어요.

(2) 졸업식 후에 이 가족은 어디에서 무엇을 했어요?

학교 앞 식당에서 불고기를 먹었어요.

03 (1) _____ 씨의 생일은 언제예요? 누구에게 무슨 선물을 받고 싶어요?

제 생일은 6월 10일이에요. 저는 친구에게 꽃을 받고 싶어요.

(2) _____ 씨의 생일에는 누구와 무엇을 하고 싶어요?

저는 생일에 가족과 한국 음식을 먹고 싶어요.

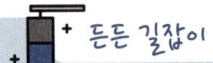 든든 길잡이

6월과 10월은 발음에 주의하세요!
6월[유월]   10월[시월]

04 그림을 보고 질문에 대답하세요.

(1) 그림에서 사람들은 어디에 갔어요?

배가 아파서 내과에 갔어요. 그리고 이가 아파서 치과에 갔어요.

(2) 한국에서 병원에 가 봤어요? 어느 병원에 갔어요?

네, 한국에서 정형외과에 가 봤어요. 축구를 하다가 다리를 다쳤어요. 그래서 정형외과에 갔어요.

05 주말에 무엇을 했어요? 다음 ①, ②를 보고 주말에 무엇을 했는지 말해 보세요.

①	②
• 친구 집에 가다 • 고향 음식을 만들다 • 영화를 보다	• 집 근처 식당에 가다 • 친구들을 만나다 • 한국 음식을 먹다

(1) 저는 지난 주말에 친구 집에 갔어요. 친구와 같이 고향 음식을 만들었어요. 아주 맛있었어요. 그리고 친구와 같이 영화도 봤어요. 재미있었어요.

(2) 저는 지난 주말에 집 근처 식당에 갔어요. 식당에서 친구들을 만났어요. 그래서 친구들과 함께 한국 음식을 먹었어요. 조금 매웠지만 맛있었어요.

3회 실전 모의평가

실전 모의평가 p.136

01 다음을 소리 내어 읽어 보세요.

> 오늘은 <u>금요일</u>입니다. 내일 우리 반은 한국어 시험을 <u>봅니다</u>. 그래서 저는 오늘 <u>도서관에서</u> 공부를 했습니다. 옆 반 친구 후엔 씨는 내일 시험이 없습니다. 후엔 씨는 다음 주 토요일에 시험을 봅니다. 그래서 후엔 씨는 내일 도서관에서 공부할 겁니다.

든든 길잡이

밑줄 친 부분의 발음에 주의하면서 읽습니다. 너무 빨리 읽거나 너무 느리게 읽지 않습니다.
금요일[그묘일]   봅니다[봄니다]   도서관에서[도서과네서]

02 (1) 이 사람은 언제 한국어 시험을 쳐요? 이 사람은 오늘 무엇을 했어요?

우리 반은 내일 한국어 시험을 봐요. 그래서 이 사람은 오늘 도서관에서 공부했어요.

(2) 후엔 씨는 언제 한국어 시험이 있어요? 후엔 씨는 내일 무엇을 할 거예요?

후엔 씨는 다음 주 토요일에 시험을 봐요. 그래서 후엔 씨는 내일 도서관에서 공부할 거예요.

03 (1) _____ 씨는 내일 누구를 만날 거예요? 무엇을 할 거예요?

우리 고향에서는 5월 1일이 국경일이에요. 5월 1일은 노동절이에요. 노동절에는 회사에 가지 않아요. 3일 동안 쉬어요.

(2) _____ 씨는 어제 누구를 만났어요? 무엇을 했어요?

저는 어제 우리 반 친구를 만났어요. 오늘 시험이 있어서 친구하고 같이 공부했어요.

04 그림을 보고 질문에 대답하세요.

(1) 그림에서 사람들은 무엇을 하고 있어요?

여름에 바다에서 수영을 해요. 겨울에 눈썰매를 타요.

(2) 요즘은 날씨가 어때요? 이런 날씨에 무엇을 해요?

요즘 날씨가 아주 좋아서 산에 가요. 등산을 하고 단풍을 구경해요.

05 다음 ①, ②를 보고 한국의 대중교통 이용 방법을 말해 보세요.

①	②
• 도시 밖으로 나가다 • 지하철, 시외버스 • 지하철역, 시외버스 터미널 • 교통카드, 현금	• 먼 곳에 가다 • 기차, 고속버스 • 기차역, 고속버스 터미널 • 기차표, 버스표

(1) 한국에서 도시 밖으로 나가고 싶으면 지하철이나 시외버스를 타요. 지하철은 지하철역에서 타고 시외버스는 시외버스 터미널에서 타요. 교통카드나 현금으로 지하철과 시외버스를 타요.

(2) 한국에서 먼 곳에 가고 싶으면 기차나 고속버스를 타요. 기차는 기차역에서 타고 고속버스는 고속버스 터미널에서 타요. 기차와 고속버스를 탈 때는 기차표와 버스표를 먼저 사야 해요.

제 3 장 2단계 실전 모의평가

출제포인트   사회통합프로그램 2단계 구술시험 실전 모의평가의 모범 답안 및 해설입니다. 자신의 답변과 비교해 보고, 부족한 부분은 반복적으로 연습합시다.

※ 휴대폰으로 QR코드를 찍으면 실전 모의평가 1회의 모범 답안을 들으실 수 있습니다.

1회 실전 모의평가

실전 모의평가 p.138

※ [01-03] 그림을 보고 질문에 대답하세요.

01 (1) ①에서 여자는 지금 무엇을 하고 있어요?

여자가 세탁기를 돌리고 있어요. / 여자는 지금 빨래하고 있어요.

(2) ②에서 여자는 지금 무엇을 하고 있어요?

여자가 지금 요리하고 있어요. / 여자는 지금 음식을 만들고 있어요.

02 (1) _____ 씨는 집에서 어떤 집안일을 자주 해요? 왜 자주 해요?

저는 요리를 좋아해서 요리를 자주 해요. 그리고 청소도 좋아해요. 청소를 하면 집이 깨끗해져서 좋아요.

(2) _____ 씨는 집안일 중에서 어떤 일이 제일 힘들어요? 왜 힘들어요?

저는 집안일 중에서 쓰레기를 버리는 것이 제일 힘들어요. 한국에서는 쓰레기를 버릴 때 분리수거를 해야 돼요. 그런데 저는 분리수거를 하는 것이 좀 어려워요.

03 (1) _____ 씨의 집에서는 주로 누가 집안일을 해요?

우리집에서는 주로 제가 집안일을 해요. 저는 청소, 빨래, 요리를 하고 남편은 쓰레기를 버리고 가끔 설거지를 해 줘요.

(2) _____ 씨의 고향에서는 주로 누가 집안일을 해요? 고향과 한국을 비교해서 이야기해 보세요.

한국에서는 요리를 주로 여자들이 하는데, 우리 고향에서는 남자들이 아침 식사를 준비해요. 그리고 요즘은 제 고향에서도 여자들이 일을 하기 때문에 여자와 남자가 집안일을 나누어서 해요.

※ [04-05] 다음 질문에 대답하세요.

04 (1) 한국에서 새집으로 이사하면 집에 손님을 초대하는데, 이것을 뭐라고 해요? 새집에 초대를 받으면 보통 무엇을 선물해요?

이사하고 손님을 초대하는 것은 집들이예요. 집들이를 갈 때는 보통 세제나 휴지를 선물해요.

(2) 이사한 집에 갈 때 세제나 휴지를 선물하는데, 그 선물에는 어떤 뜻이 있어요?

세제에는 "세제의 거품처럼 돈을 많이 벌어서 부자가 되세요."라는 의미가 있어요. 그리고 휴지에는 "모든 일이 잘 풀리기 바랍니다."라는 뜻이 있어요.

05 친구에게 행정복지센터 문화 강좌를 알려 주려고 해요. 다음 ①, ②를 보고 친구에게 문화 강좌를 소개해 보세요.

①	②
〈맛있는 커피〉 • 바리스타 자격증 과정 • 대상: 성인 • 시간: 화, 목 9-11시 • 수강료: 10만 원(재료비 무료)	〈컴퓨터 기초〉 • 자격증 과정 아님 • 대상: 중·고등학생 및 성인 • 시간: 월-금 17-18시 • 수강료: 5만 원

(1) 행정복지센터에 '맛있는 커피' 강좌가 있어요. 이 강좌는 바리스타 자격증 과정이에요. 성인만 신청할 수 있고 시간은 화요일과 목요일, 오전 9시부터 11시까지예요. 수강료는 10만 원인데 재료비는 무료예요.

(2) 행정복지센터에 '컴퓨터 기초' 강좌가 있어요. 이 강좌는 자격증 과정이 아니에요. 중학생과 고등학생, 그리고 성인이 이 강좌를 신청할 수 있어요. 시간은 월요일부터 금요일까지, 저녁 5시부터 6시까지예요. 수강료는 5만 원이에요.

2회 실전 모의평가 실전 모의평가 p.140

※ [01-03] 그림을 보고 질문에 대답하세요.

01 (1) ①은 무슨 날이에요? 사람들이 모여서 무엇을 하고 있어요?

설날이에요. 할아버지, 할머니께 세배를 하고 있어요.

(2) ②는 무슨 날이에요? 사람들이 모여서 무엇을 하고 있어요?

추석이에요. 가족이 모여서 송편을 빚고 있어요.

02 (1) 한국 사람들은 설날에 무엇을 해요? 어떤 음식을 먹어요?

설날에는 보통 가족과 친척이 모여서 차례를 지내고 웃어른께 세배를 해요. 그러면 어른들은 아이들에게 덕담을 하고 세뱃돈을 줘요. 설날 아침에 한국 사람들은 떡국을 먹어요.

(2) 한국 사람들은 추석에 무엇을 해요? 어떤 음식을 먹어요?

추석에는 보통 가족과 친척이 모여서 차례를 지내고 성묘를 가요. 그리고 송편을 만들어 먹어요. 추석날 저녁에는 보름달을 보면서 소원을 빌어요.

03 (1) _____ 씨의 고향에는 어떤 명절이 있어요? 고향 사람들은 명절에 무엇을 해요?

우리 고향에는 한국의 설날처럼 춘제(춘절)라는 명절이 있어요. 중국 사람들은 춘제(춘절)에 가족과 친척이 모여서 만두를 빚고 명절 음식을 나눠 먹어요. 그리고 밤 12시가 되면 폭죽놀이를 해요. 한국처럼 친척과 새해 인사를 나누고 웃어른께 세배를 해요. 그러면 아이들에게 빨간 봉투에 세뱃돈을 넣어서 줘요.

(2) _____ 씨의 고향에서도 명절에 특별한 음식을 먹어요? 고향 사람들은 명절에 무엇을 해요?

우리 고향에는 나부르즈라는 명절이 있어요. 한국의 설날과 같아요. 우즈베키스탄 사람들은 나부르즈에 수말락을 먹어요. 수말락은 싹을 틔운 호밀로 끓인 죽이에요. 그리고 친척집을 방문하거나 가족이 함께 우즈베키스탄의 씨름인 쿠라쉬를 구경해요.

※ [04-05] 다음 질문에 대답하세요.

04 (1) 세계인의 날은 언제예요? 세계인의 날을 왜 만들었어요?

세계인의 날은 5월 20일이에요. 한국에 사는 이민자와 한국 사람이 서로 이해하고 함께 살아가는 사회를 만들기 위해서 만든 날이에요.

(2) 세계인의 날에는 어떤 행사를 해요?

세계인의 날에는 다양한 행사가 열려요. 축하 공연, 전시회, 체험 행사, 세계 민속 공연, 사진 공모전 등이 개최돼요.

05 친구가 아파요. 다음 ①, ②를 보고 친구에게 이야기해 보세요.

①	②
〈넘어져서 다쳤어요〉	〈배가 아프고 설사를 해요〉
• 소독약을 바르다	• 약을 먹다
• 연고를 바르다	• 죽을 끓여서 먹다
• 밴드를 붙이다	• 집에 가서 푹 쉬다
• 물이 묻지 않게 조심하다	• 계속 아프면 병원에 가 보다

(1) 넘어져서 다쳤을 때는 다친 곳에 소독약을 바르고 연고를 바르세요. 그리고 밴드를 붙이세요. 다친 곳에 물이 묻지 않게 조심하세요.

(2) 배가 아프고 설사를 하면 약국에서 약을 사서 드세요. 그리고 죽을 끓여서 드세요. 집에 가서 푹 쉬고 그래도 계속 아프다면 병원에 가 보세요.

3회 실전 모의평가

※ [01-03] 그림을 보고 질문에 대답하세요.

01 (1) ①에서 여자는 지금 무엇을 하고 있어요?

여자는 지금 옷을 사고 있어요.

(2) ②에서 여자는 지금 무엇을 하고 있어요?

여자는 지금 신발을 사고 있어요.

02 (1) _____ 씨는 어디에서 옷을 사요? 왜 그곳에서 사요?

저는 인터넷 쇼핑몰에서 옷을 사요. 가격이 싸고 집으로 배송해 주니까 편해요.

(2) _____ 씨는 어디에서 신발을 사요? 왜 그곳에서 사요?

저는 마트에 가서 신발을 사요. 다양한 신발을 구경할 수 있고 또 직접 신어 볼 수 있어서 좋아요.

03 (1) _____ 씨는 어떤 전통 시장에 가 보고 싶어요? 가서 무엇을 하고 싶어요?

저는 통인시장에 가 보고 싶어요. 텔레비전에서 봤는데 거기에 가면 엽전으로 도시락을 살 수 있어요. 또 유명한 시장이라서 관광객이 많이 와요. 그래서 저도 거기에 가서 도시락도 먹고 구경도 하고 사진도 찍고 싶어요.

(2) 전통 시장에서 쇼핑을 하면 어떤 점이 좋아요?

한국의 전통 시장에서는 다양한 물건과 음식을 팔아요. 백화점보다 가격도 싸고 물건값을 깎을 수도 있어요. 시장에서 구경도 할 수 있고 맛있는 음식도 먹을 수 있어서 좋아요.

※ [04-05] 다음 질문에 대답하세요.

04 (1) 편의점에서는 어떤 약을 살 수 있어요?

편의점에서 해열제, 진통제, 소화제, 감기약, 파스를 살 수 있어요. 하지만 다른 약은 약국에서 사야 돼요.

(2) 휴일지킴이 약국이 뭐예요?

휴일지킴이 약국은 휴일에 문을 여는 약국이에요. 보통 약국은 휴일에 문을 닫는데, 휴일지킴이 약국은 문을 열어요. 인터넷에서 휴일지킴이 약국을 찾을 수 있어요.

05 건강한 생활 습관을 만들고 싶어요. 다음 ①, ②를 보고 친구에게 이야기해 보세요.

①	②
〈건강한 운동 습관〉 • 가까운 거리, 걷다 • 엘리베이터, 에스컬레이터 × • 계단 ○	〈건강한 식사 습관〉 • 짠 음식, 단 음식 × • 채소, 과일 ○ • 당근, 눈에 좋다

(1) 건강한 운동 습관을 만들고 싶으면 가까운 거리는 걸어서 다녀야 해요. 엘리베이터나 에스컬레이터를 이용하지 말고 계단을 이용해야 해요. 그러면 건강에 좋아요.

(2) 건강한 식사 습관을 만들고 싶으면 짠 음식이나 단 음식을 먹지 마세요. 대신 채소와 과일을 먹어야 해요. 특히 당근은 눈에 좋으니까 당근을 많이 드세요.

제4장 3단계 실전 모의평가

출제포인트 사회통합프로그램 3단계 구술시험 실전 모의평가의 모범 답안 및 해설입니다. 자신의 답변과 비교해 보고, 부족한 부분은 반복적으로 연습합시다.

※ 휴대폰으로 QR코드를 찍으면 실전 모의평가 1회의 모범 답안을 들으실 수 있습니다.

1회 실전 모의평가

실전 모의평가 p.143

※ [01-03] 다음을 읽고 질문에 대답하세요.

> 전자 제품을 사면 보증서를 받는데 보증서에는 품질 보증 기간이 쓰여 있다. 품질 보증 기간은 소비자가 무상 수리를 받을 수 있는 기간이다. 그렇지만 보증서가 있다고 해서 보증 기간 내에 항상 무상으로 수리를 받을 수 있는 것은 아니다. 구입한 전자 제품을 보증 기간 내에 정상적으로 사용하다가 고장이 난 경우에는 무상 수리가 가능하지만 소비자의 실수로 고장이 나거나 주의 사항을 지키지 않아서 발생한 고장에 대해서는 수리 비용을 내야 한다.

01 (1) 전자 제품을 사면 무엇을 받아요?

전자 제품을 사면 보증서를 받아요.

(2) 품질 보증 기간은 어떤 기간이에요?

제품에 문제가 생겼을 때 소비자가 제품 수리를 받을 수 있는 기간이에요.

02 (1) 어떤 경우에 무상 수리를 받을 수 있어요?

전자 제품을 보증 기간 내에 정상적으로 사용하다가 고장이 난 경우에 무상 수리를 받을 수 있어요.

(2) 어떤 경우에 수리 비용을 내야 해요?

　　소비자의 실수로 고장이 나거나 주의 사항을 지키지 않아서 고장이 난 경우에는 수리 비용을 내야 해요.

03 _____ 씨는 한국에서 전자 제품을 사 본 적이 있어요? 전자 제품을 산 후에 수리를 받은 적이 있어요? 전자 제품을 산 경험이나 수리한 경험을 말해 보세요.

　　저는 얼마 전에 선풍기를 샀어요. 선풍기를 살 때 보증서를 받았는데 보증서에 제품 보증 기간이 2년이라고 써 있었어요. 아직 고장 나지 않고 잘 쓰고 있어서 수리를 받은 적은 없어요. 2년 안에 고장이 나면 선풍기를 산 가게에 보증서를 가지고 갈 거예요.

04 그림을 보고 질문에 대답하세요.

(1) 여기는 어디예요? 이 사람들은 무엇을 하고 있어요?

　　여기는 벼룩시장이에요. 사람들이 물건을 사고팔고 있어요.

(2) 사람들이 이곳에서 이렇게 하는 이유는 뭐예요?

　　벼룩시장에서는 필요한 물건을 싸게 살 수 있어요.

05 여러분은 취직을 하기 위해서 면접을 보고 있어요. 다음 ①, ②를 보고 구직자가 되어서 면접관과 대화를 해 보세요.

①	②
• 지원 이유: 출퇴근이 자유로운 회사 • 성격의 장점과 단점: 외향적이고 적극적이지만 성격이 급하다 • 운전면허증을 따다	• 지원 이유: 보람을 느낄 수 있는 회사 • 성격의 장점과 단점: 꼼꼼하고 다정하지만 가끔 물건을 잃어버리다 • 컴퓨터 자격증을 따다
면접관: 안녕하세요? 구직자: 안녕하세요? 저는 _____ 입니다. 면접관: 우리 회사에 지원한 이유는 무엇입니까? 구직자: 저는 회사 생활도 중요하지만 제 개인적인 생활도 중요하게 생각합니다. 그래서 출퇴근이 자유로운 이 회사에서 일하고 싶습니다. 면접관: 아, 그렇습니까? 본인의 성격은 어떻습니까? 구직자: 저는 외향적이고 적극적이라서 친구가 많고 다른 사람들과 친하게 지냅니다. 그렇지만 성격이 조금 급한 편이라서 실수할 때도 있습니다. 그래서 실수하지 않으려고 항상 노력합니다. 면접관: 취업을 위해 준비한 것이 있습니까? 구직자: 네, 있습니다. 한국에서 취업하기 위해 운전면허증을 땄습니다. 면접관: 네, 잘 알겠습니다. 결과는 다음 주에 알려 드리겠습니다. 구직자: 네, 감사합니다.	면접관: 안녕하세요? 구직자: 안녕하세요? 저는 _____ 입니다. 면접관: 우리 회사에 지원한 이유는 무엇입니까? 구직자: 저는 일에 대한 보람을 느끼는 것이 가장 중요하다고 생각합니다. 그래서 보람을 느낄 수 있는 이 회사에서 일하고 싶습니다. 면접관: 아, 그렇습니까? 본인의 성격은 어떻습니까? 구직자: 저는 꼼꼼해서 일을 할 때 실수가 없고, 다정한 성격이어서 친구들과 잘 지냅니다. 그렇지만 가끔 물건을 잃어버릴 때가 있습니다. 그래서 항상 잊은 물건은 없는지 다시 확인합니다. 면접관: 취업을 위해 준비한 것이 있습니까? 구직자: 네, 있습니다. 한국에서 취업하기 위해 컴퓨터 자격증을 땄습니다. 면접관: 네, 잘 알겠습니다. 결과는 다음 주에 알려 드리겠습니다. 구직자: 네, 감사합니다.

2회 실전 모의평가

※ [01-03] 다음을 읽고 질문에 대답하세요.

> 집을 계약할 때는 반드시 집주인과 직접 계약해야 한다. 부동산 중개업자가 계약자 본인 또는 집주인 대신 계약을 하면 문제가 발생할 수 있다. 그리고 계약서를 잘 읽어 보고 입금 계좌가 집주인의 것이 맞는지 확인해야 하고 특약 사항도 계약서에 써야 한다. 왜냐하면 말로만 하면 나중에 집에 문제가 생겼을 때 집주인이 약속을 어길 수 있기 때문이다. 또한 계약을 하기 전에 등기부 등본을 꼭 확인해야 한다. 전세나 월세로 집을 구하고 이사한 후에는 행정복지센터에 방문하여 전입 신고를 하고 확정 일자를 받아야 한다.

01 (1) 집을 계약할 때는 누구와 해야 해요?

    집을 계약할 때는 집주인과 직접 계약해야 해요.

  (2) 부동산 중개업자가 대신 계약하면 왜 안 돼요?

    부동산 중개업자가 대신 계약하면 문제가 생길 수 있어요.

02 (1) 특약 사항을 왜 계약서에 써야 해요?

    특약 사항을 계약서에 써 두지 않으면 나중에 집에 문제가 생겼을 때 집주인이 약속을 어길 수 있기 때문이에요.

  (2) 이사한 후에는 무엇을 해야 해요?

    이사한 후에는 행정복지센터에 방문하여 전입 신고를 하고 확정 일자를 받아야 해요.

03 (1) _____ 씨는 이사를 해 본 적이 있어요? 이사하기 전에는 무엇을 했어요?

    저는 지난달에 이사를 했어요. 집에서 회사까지 너무 멀어서 회사 근처로 이사를 했어요. 이사하기 전에 회사 근처에 있는 집을 알아보고 집이 깨끗한지, 고장 난 곳은 없는지 확인하고 마음에 들어서 계약했어요.

(2) _____ 씨는 이사를 해 본 적이 있어요? 이사한 후에는 어떤 일을 했어요?

저는 한국에서 이사한 적은 아직 없지만 고향에서 이사를 한 적이 있어요. 이사한 후에 계약서를 한 번 더 확인하고 집을 정리하고 청소했어요. 그리고 한국의 행정복지센터와 같은 곳에 가서 전입 신고를 했어요.

04 그림을 보고 질문에 대답하세요.

(1) 이 사람들은 무엇을 하고 있어요?

인터넷에서 취업정보를 보고 있어요.

(2) _____ 씨는 어떤 일을 하고 싶어요? 그 일을 하기 위해서 어떤 노력을 해요?

저는 무역회사에서 일하고 싶어요. 무역회사에서 일하기 위해서 한국어를 열심히 배우고 있어요.

05 여러분은 전자 제품이 고장 나서 수리하려고 해요. 다음 ①, ②를 보고 고객이 되어서 직원과 대화를 해 보세요.

①	②
• 노트북 • 책상에서 떨어뜨리다 • 전원이 안 켜지다 • 유상 수리	• 휴대폰 • 가방을 떨어뜨리다 • 액정이 깨지다 • 유상 수리

직원: 안녕하세요? 어떤 문제로 오셨습니까? 고객: 노트북이 고장 난 것 같아요. 직원: 어떻게 고장이 났습니까? 고객: 일을 하다가 책상에서 떨어뜨렸는데 그때부터 전원이 안 켜져요. 직원: 아, 그렇습니까? 제가 한번 보겠습니다. 고객: 무상 수리를 받을 수 있을까요? 직원: 죄송합니다. 고객님의 실수로 고장이 난 것이라서 무상 수리는 받을 수 없습니다. 고객: 네, 알겠어요. 수리비는 얼마나 들까요? 직원: 수리해 봐야 알 수 있을 것 같습니다. 수리한 후에 연락 드리겠습니다. 고객: 감사합니다. 잘 고쳐 주세요.	직원: 안녕하세요? 어떤 문제로 오셨습니까? 고객: 휴대폰이 고장 난 것 같아요. 직원: 어떻게 고장이 났습니까? 고객: 가방 안에 휴대폰을 넣은 채로 가방을 떨어뜨렸는데 그때 액정이 깨졌어요. 직원: 아, 그렇습니까? 제가 한번 보겠습니다. 고객: 무상 수리를 받을 수 있을까요? 직원: 죄송합니다. 고객님의 실수로 고장이 난 것이라서 무상 수리는 받을 수 없습니다. 고객: 네, 알겠어요. 수리비는 얼마나 들까요? 직원: 수리해 봐야 알 수 있을 것 같습니다. 수리한 후에 연락 드리겠습니다. 고객: 감사합니다. 잘 고쳐 주세요.

3회 실전 모의평가

실전 모의평가 p.147

※ [01-03] 다음을 읽고 질문에 대답하세요.

한국에서 휴대폰을 개통하기 위해 꼭 알아야 할 것이 있다. 우선 한국의 대표적인 통신사 이름을 알아야 한다. 그리고 휴대폰을 개통할 때는 신분증을 꼭 가지고 가야 하고, 유심 카드가 있으면 챙겨 가는 것이 좋다. 외국인은 외국인등록을 하기 전에는 본인 이름으로 휴대폰을 개통할 수 없다. 마지막으로 본인에게 맞는 요금제를 잘 선택해야 한다. 만약 데이터를 많이 사용하고 통화량이 많다면 '무제한 요금제'를 선택하는 것이 좋다. 무제한 요금제는 사용한 데이터나 통화량과 관계없이 매달 요금이 같기 때문이다.

01 (1) 한국에서 휴대폰을 개통할 때 알아야 할 것은 뭐예요? 1가지만 말해 보세요.

한국의 대표적인 통신사 이름을 알아야 해요.

(2) 한국에서 휴대폰을 개통할 때 가지고 가야 하는 것은 뭐예요?

휴대폰을 개통할 때 신분증을 꼭 가지고 가야 해요. 유심 카드도 가져가면 좋아요.

02 (1) 휴대폰을 개통할 때 외국인이 알아야 할 것은 뭐예요?

외국인은 외국인등록을 하기 전에는 본인 이름으로 휴대폰을 개통할 수 없어요.

(2) 무제한 요금제는 왜 좋아요?

무제한 요금제는 사용한 데이터나 통화량과 관계없이 매달 요금이 같아서 좋아요.

03 _____ 씨는 한국에서 휴대폰을 어떻게 개통했어요? 어떤 요금제를 사용하고 있어요?

저는 한국에 와서 처음 휴대폰을 개통할 때 남편과 같이 갔어요. 그때는 제가 한국어를 잘 못해서 남편이 휴대폰 개통하는 것을 도와줬어요. 처음에는 무제한 요금제를 사용하지 않았지만 최근에 친구하고 연락도 자주 하고, 휴대폰으로 한국어 공부도 시작해서 얼마 전에 무제한 요금제로 바꿨어요.

04 그림을 보고 질문에 대답하세요.

(1) 여기는 어디예요? 여기에서 누구를 만날 수 있어요?

여기는 부동산이에요. 여기에서 부동산 중개업자(공인중개사)를 만날 수 있어요.

(2) 여기에 왜 가요? 여기에서 무엇을 할 수 있어요?

집을 구하고 싶을 때 부동산에 가요. 여기에서 집을 알아볼 수 있어요.

05 여러분은 옷을 교환하거나 환불하려고 해요. 다음 ①, ②를 보고 손님이 되어서 대화를 해 보세요.

①	②
• 어제 • 셔츠 • 단추가 떨어지다 • 교환 • 카드 결제	• 그저께 • 바지 • 얼룩이 있다 • 환불 • 현금 결제
직원: 어서 오세요. 무엇을 도와드릴까요? 손님: 어제 셔츠를 샀는데 단추가 떨어져 가지고 교환하고 싶은데요. 직원: 아, 그러세요? 제가 잠깐 확인해 보겠습니다. 영수증은 가지고 오셨어요? 손님: 네, 여기 있습니다. 결제한 카드도 가져왔어요. 직원: 네, 감사합니다. 여기 새 제품입니다. 확인해 보세요. 손님: 네, 좋습니다. 직원: 이 제품도 교환하기 원하시면 일주일 안에 가격표 제거하지 마시고 가져오세요. 손님: 네, 알겠습니다. 감사합니다. 직원: 감사합니다. 안녕히 가세요.	직원: 어서 오세요. 무엇을 도와드릴까요? 손님: 그저께 바지를 샀는데 얼룩이 있어 가지고 환불하고 싶은데요. 직원: 아, 그러세요? 제가 잠깐 확인해 보겠습니다. 영수증은 가지고 오셨어요? 손님: 네, 여기 있습니다. 결제는 현금으로 했어요. 직원: 네, 감사합니다. 환불해 드리겠습니다. 확인해 보세요. 손님: 네, 맞습니다. 직원: 다른 제품도 환불하기 원하시면 일주일 안에 가격표 제거하지 마시고 가져오세요. 손님: 네, 알겠습니다. 감사합니다. 직원: 감사합니다. 안녕히 가세요.

제 5 장 중간평가 실전 모의평가

출제포인트 사회통합프로그램 중간평가 구술시험 실전 모의평가의 모범 답안 및 해설입니다. 자신의 답변과 비교해 보고, 부족한 부분은 반복적으로 연습합시다.

※ 휴대폰으로 QR코드를 찍으면 실전 모의평가 1회의 모범 답안을 들으실 수 있습니다.

1회 실전 모의평가

실전 모의평가 p.149

※ [01-03] 사진을 보고 질문에 대답하세요.

①	②

01 (1) ①은 어떤 집인가요?

한국에서 많이 볼 수 있는 아파트입니다.

(2) ②는 어떤 집인가요?

마당이 있는 주택입니다.

02 (1) ①의 집은 어떤 특징이 있나요? 이 집의 장점과 단점은 무엇인가요?

아파트는 살기 편하고 깨끗합니다. 집 근처에 편의시설도 많고 학교도 가까워서 좋습니다. 그렇지만 여러 사람들이 같이 살기 때문에 층간소음이 생길 수 있습니다.

(2) ②의 집은 어떤 특징이 있나요? 이 집의 장점과 단점은 무엇인가요?

주택은 마당이 있어서 좋습니다. 마당에서 꽃이나 강아지도 키울 수 있습니다. 아이들도 뛰면서 놀 수 있습니다. 그렇지만 주택을 깨끗하게 관리하기가 어렵습니다.

03 (1) _____ 씨는 집을 구할 때 무엇을 중요하게 생각하나요? 그렇게 생각하는 이유는 무엇인가요?

저는 집을 구할 때 교통을 중요하게 생각합니다. 저는 매일 지하철을 타고 출퇴근을 하기 때문에 집과 지하철역이 가까운 것이 좋습니다. 그리고 집 근처에 지하철역이나 버스정류장이 있어야 주말에 친구를 만나거나 마트에 갈 때도 편리합니다. 그래서 저는 집을 구할 때 교통을 가장 중요하게 생각합니다.

(2) _____ 씨의 고향에서는 집을 구할 때 무엇을 중요하게 생각하나요? 그렇게 생각하는 이유는 무엇인가요?

제 고향에서는 집을 구할 때 주변 자연 환경을 가장 중요하게 생각합니다. 특히 집 주변에 공원이나 산책로가 있으면 아주 좋은 집입니다. 제 고향에서는 집은 편하게 쉬는 곳이라고 생각하기 때문에 집 주변에 큰 도로나 사람이 많이 없어서 조용하고, 편하게 산책할 수 있는 공원이나 산책로가 있는 것을 중요하게 생각합니다.

※ [04-05] 다음 질문에 대답하세요.

04 요즘 한국뿐만 아니라 전 세계적으로 환경 오염 문제가 심각해지고 있습니다.

(1) 이렇게 환경 오염이 심각해진 원인을 구체적인 예를 들어 말해 보세요.

자동차에서 발생하는 매연이 공기를 오염시켜서 대기 오염이 심각해졌습니다. 또한 샴푸나 세제를 너무 많이 사용해서 수질 오염과 해양 오염으로 이어지기도 합니다. 무엇보다 환경 오염의 가장 큰 원인은 일회용품을 너무 많이 사용한다는 것입니다. 일회용품을 땅에 묻으면 토양이 오염되고, 땅에 묻힌 쓰레기가 썩으면서 나오는 나쁜 가스로 인해 대기 오염이 일어납니다.

(2) 심각해지고 있는 환경 오염을 해결하기 위해 여러분이 실천하고 있는 환경 보호 방법을 말해 보세요.

저는 대기 오염을 줄이기 위해 가까운 거리는 걸어서 다니고, 자동차보다는 대중교통을 이용합니다. 수질 오염을 줄이기 위해서 샴푸와 세제는 필요한 만큼만 사용하고, 쓰레기를 버릴 때는 분리수거를 철저히 해서 쓰레기가 재활용될 수 있게 합니다. 그리고 무엇보다 일회용품 사용을 줄이려고 많은 노력을 하고 있습니다. 회사에서는 종이컵 대신 집에서 가져온 물병이나 개인 컵을 쓰고, 장을 보러 갈 때는 장바구니를 챙겨 비닐봉투를 쓰지 않습니다.

05 요즘 한국에서는 물가 변화가 크게 나타나고 있습니다.

(1) 한국에서 생활하면서 물가가 많이 상승했다고 느낀 적이 있나요? 물가가 많이 상승하는 이유는 무엇이라고 생각하나요?

저는 한국에서 생활하면서 거의 모든 물가가 많이 상승했다고 생각합니다. 특히 장을 보러 가면 우유, 고기, 과일값이 많이 올랐습니다. 물가가 상승하는 이유는 다양하지만 원재료의 가격이 올라가고 환율이 변화하면서 물가가 상승한다고 생각합니다.

(2) 한국에서 생활하면서 물가가 하락했다고 느낀 적이 있나요? 물가가 하락하는 이유는 무엇이라고 생각하나요?

저는 지난여름 휴가철에 제주도에 가려고 했는데 비행기표가 너무 비싸서 가지 못했습니다. 여름이 지나고 비수기에 제주도로 가는 비행기표를 다시 알아보니 푯값이 많이 떨어져 있었습니다. 비행기표나 여행 관련 상품은 비수기가 되면 여행을 가는 사람이 많이 줄어들어서 가격이 크게 하락한다고 생각합니다.

2회 실전 모의평가

※ [01-03] 그림을 보고 질문에 대답하세요.

01 (1) ①은 무슨 상황인가요? 그림에 대해 말해 보세요.

교통사고가 났습니다. 자동차 운전자들이 사고에 대해 이야기하고 있습니다.

(2) ②는 무슨 상황인가요? 그림에 대해 말해 보세요.

건물에 화재가 발생했습니다. 소방관이 불을 끄고 있습니다.

02 (1) ①의 상황이 생기면 어떻게 해야 하나요? 이런 상황을 어떻게 설명하나요?

교통사고가 나면 먼저 경찰에 신고를 해야 합니다. 그리고 다친 사람이 있으면 119에 신고해야 합니다. 보험회사에도 전화해야 합니다. 신고할 때 어디에서 어떻게 사고가 났는지 경찰에게 자세하게 이야기해야 합니다.

(2) ②의 상황이 생기면 어떻게 해야 하나요? 이런 상황을 어떻게 설명하나요?

화재가 발생하면 바로 119에 신고해야 합니다. 정확한 위치를 말하고 다친 사람이 있는지 확인해야 합니다. 그리고 안전한 곳으로 대피해야 합니다. 대피할 때는 엘리베이터나 에스컬레이터를 이용하지 말고 계단을 이용해야 합니다.

03 _____ 씨는 지금까지 살면서 직접 경험한 사건이나 사고가 있나요? 그 사건이나 사고에 대해 말해 보세요.

저는 작년 겨울에 회사가 끝나고 집에 오다가 빙판에서 미끄러진 적이 있습니다. 집에 빨리 가고 싶어서 빙판이 있는 줄 모르고 뛰어가다가 미끄러져서 넘어졌습니다. 병원에 갔는데 발목을 삐어서 깁스를 해야 한다고 했습니다. 그래서 2주 동안 깁스를 하고 목발을 짚었습니다. 발목이 너무 아프고 목발을 짚는 것이 너무 힘들었습니다. 지금은 다 나아서 괜찮습니다. 앞으로는 미끄러지지 않게 항상 조심할 겁니다.

※ [04-05] 다음 질문에 대답하세요.

04 뉴스에서 다음과 같은 날씨 주의보를 들었을 때 어떻게 해야 하나요?

(1) 미세 먼지 주의보를 들었습니다. 무슨 뜻인가요? 이럴 때 어떻게 해야 하나요?

미세 먼지가 많은 날씨니까 조심하라는 뜻입니다. 이럴 때는 외출을 하지 말고 실내에 있는 것이 좋습니다. 꼭 외출을 해야 할 일이 있으면 마스크를 쓰고 외출해야 합니다. 미세 먼지는 건강에 좋지 않습니다. 특히 아이들이나 나이가 많은 할아버지, 할머니들은 미세 먼지 때문에 건강이 안 좋아질 수 있기 때문에 더 조심해야 합니다.

(2) 폭염 주의보를 들었습니다. 무슨 뜻인가요? 이럴 때 어떻게 해야 하나요?

날씨가 아주 더우니까 조심하라는 뜻입니다. 이런 날씨에는 물을 많이 마시고 시원한 곳에서 머무는 것이 좋습니다. 폭염 주의보가 있는 날에 야외 행사가 있다면 다른 날로 연기하거나 실내에서 할 수 있는 행사로 바꿔야 합니다. 심한 폭염으로 사람들의 건강이 아주 안 좋아질 수 있<u>으므로</u> 조심해야 합니다.

05 요즘 한국에는 다양한 신조어가 생기고 있습니다.

(1) 신조어 사용의 긍정적인 점을 구체적인 예를 들어 말해 보세요.

저는 신조어를 사용하면 재미도 있고, 다른 사람들과 쉽게 공감대를 형성할 수 있다는 것이 신조어의 장점이라고 생각합니다. 저는 친구들과 이야기할 때 '노잼'이라는 단어를 자주 사용합니다. 처음에는 무슨 뜻인지 몰랐는데 친구들이 재미없다는 뜻으로 '노잼'을 사용한다는 것을 알려 주었습니다. '노잼'이라는 단어를 사용하면서 한국어가 더 재미있다고 생각했습니다. 그리고 친구들과 대화할 때도 더 쉽게 공감할 수 있었습니다.

(2) 신조어 사용의 부정적인 점을 구체적인 예를 들어 말해 보세요.

저는 신조어를 사용하는 것이 좋은 점도 있지만 안 좋은 점도 있다고 생각합니다. 신조어의 뜻을 알지 못하면 대화를 할 때 의사소통이 잘 되지 않을 수 있기 때문입니다. 저는 친구들이 '극혐'이라는 단어를 말하는 것을 들은 적이 있습니다. 친구들에게 무슨 뜻이냐고 물어보니 '극도로 혐오하다'의 뜻이라고 알려 주었지만 저는 '극도로 혐오하다'라는 뜻을 정확하게 이해하지 못해서 친구들이 '극혐'이라는 말을 쓸 때 혼란스러웠습니다.

3회 실전 모의평가

실전 모의평가 p.152

※ [01-03] 그림을 보고 질문에 대답하세요.

01 (1) ①이 나타내는 것은 무엇인가요? 그림에 대해 말해 보세요.

건강을 위해서 규칙적인 운동을 하고 충분한 수면을 취하는 그림입니다.

(2) ②가 나타내는 것은 무엇인가요? 그림에 대해 말해 보세요.

건강을 위해서 균형 잡힌 식사를 해야 하고 소금 섭취를 줄여야 합니다.

02 (1) _____ 씨는 건강한 생활을 위해서 평소에 실천하려고 하는 운동 습관이 있나요?

네, 저는 마트나 은행에 갈 때 가까운 거리는 항상 걸어서 갑니다. 그리고 제가 아파트 7층에 살고 있는데 엘리베이터를 이용하지 않고 계단을 이용합니다. 시간을 내서 운동하기 어렵기 때문에 평소에 할 수 있는 방법으로 운동을 하고 있습니다.

(2) _____ 씨는 건강한 생활을 위해서 평소에 실천하려고 하는 식습관이 있나요?

네, 밥을 먹을 때 채소를 많이 먹으려고 항상 노력합니다. 저는 고기를 좋아해서 자주 먹는 편인데 고기를 먹을 때 상추나 양파 등의 채소를 꼭 같이 먹습니다. 과일도 자주 먹으려고 노력합니다. 그리고 커피나 차를 마시는 대신에 물을 많이 마십니다.

03 (1) 한국 사람들의 잘못된 생활 습관으로 생기는 병에는 무엇이 있나요? 이 병을 예방하기 위해 어떤 노력을 해야 하나요?

저는 한국 사람들은 음식을 너무 짜고 맵게 먹는다고 생각합니다. 김치찌개나 된장찌개는 너무 짜고, 떡볶이나 라면은 너무 매운 것 같습니다. 이런 생활 습관 때문에 고혈압이나 당뇨병이 생긴다고 생각합니다. 이런 병을 예방하기 위해서는 음식을 싱겁게 먹어야 하고, 너무 매운 음식은 먹지 말아야 합니다.

(2) _____ 씨의 고향에서는 어떤 생활 습관 때문에 사람들이 병에 걸리나요? 그 병을 예방하기 위해 고향 사람들은 어떤 노력을 하나요?

제 고향은 한국보다 날씨가 추워서 사람들이 고기를 많이 먹는 데 반해 운동은 적게 하는 것 같습니다. 그래서 비만이나 고혈압인 사람들이 많이 있습니다. 이런 병을 예방하기 위해서 고기를 적게 먹고, 걷기 운동 등 생활 속에서 매일 할 수 있는 운동을 해야 한다고 생각합니다.

※ [04-05] 다음 질문에 대답하세요.

04 현대 사회는 국제화 시대입니다.

(1) 국제화 시대에 인재가 되기 위해 가져야 할 요건은 무엇이라고 생각합니까?

국제화 시대에 인재가 가져야 할 요건은 다양한 문화를 존중하는 마음이라고 생각합니다. 국제화 시대에서 살아가려면 다양한 국가의 사람들과 만나면서 소통해야 합니다. 이럴 때 상대방의 문화를 존중하는 마음이 없다면 진심으로 소통할 수 없다고 생각합니다. 그래서 국제화 시대에 인재가 가져야 할 가장 중요한 요건은 다양한 문화를 존중하는 마음이라고 생각합니다.

(2) _____ 씨는 국제화 시대의 인재가 되기 위해 어떤 노력을 하고 있습니까?

국제화 시대의 인재가 되기 위해서 외국어 능력이 중요하다고 생각합니다. 그래서 저는 한국어를 열심히 공부하고 있습니다. 그리고 한국어뿐만 아니라 영어도 공부하고 있습니다. 해외 취업을 준비중인 학생들이나 더 효율적인 업무를 위해 직장인들도 외국어를 배우고 있기 때문에 국제화 시대의 인재가 되기 위해서는 외국어가 필요하다고 생각합니다.

05 많은 외국인이 한국 생활에 적응하기 위해서 노력하고 있습니다. _____ 씨는 한국에 처음 왔을 때 어땠나요? 한국 생활에 적응하기 위해서 어떤 노력을 했나요? 지금 생활은 어떤가요? _____ 씨가 어떻게 한국 생활에 적응했는지 말해 보세요.

저는 한국에 처음 왔을 때 사람들이 제 나이를 물어봐서 놀란 적이 있습니다. 제 고향에서는 다른 사람의 나이를 물어보지 않기 때문에 이런 질문을 받았을 때 왜 나이를 물어보는지, 어떻게 대답해야 하는지 몰라서 너무 당황스러웠습니다. 나중에는 한국 사람들이 더 친해지고 싶어서, 언니·동생처럼 지내고 싶어서 나이를 물어본다는 것을 알았습니다. 그래서 지금은 한국 사람을 만나서 인사하게 되면 제가 먼저 이름과 나이를 말합니다. 이렇게 하면 한국 사람들과 더 빨리 친해지고 더 가깝게 지낼 수 있는 것 같습니다.

4회 실전 모의평가

실전 모의평가 p.154

※ [01–03] 그림을 보고 질문에 대답하세요.

01 (1) ①에서 사람들이 무엇을 하고 있어요? 한국에서는 보통 이런 걸 언제 해요?

사람들이 윷놀이를 하고 있습니다. 한국에서는 보통 설날에 윷놀이를 합니다.

(2) ②에서 사람들이 무엇을 하고 있어요? 한국에서는 보통 이런 걸 언제 해요?

사람들이 달을 보면서 소원을 빌고 있습니다. 한국에서는 보통 추석날 밤에 달을 보면서 소원을 빕니다.

02 (1) 한국 사람들은 설날에 무엇을 하는지 설날 풍습에 대해 말해 보세요.

설날은 음력 1월 1일로 한국의 대표적인 명절입니다. 설날에 한국 사람들은 가족이 함께 모여서 조상에게 차례를 지내고, 웃어른께 세배를 합니다. 세배를 하면 윗사람이 아랫사람에게 덕담을 해 주고 세뱃돈도 줍니다. 또 설날 아침에는 떡국을 먹습니다. 그리고 오후에는 가족과 친척이 함께 윷놀이를 합니다.

(2) 한국 사람들은 추석에 무엇을 하는지 추석 풍습에 대해 말해 보세요.

추석은 음력 8월 15일로 한가위라고도 하는데 설날처럼 한국의 큰 명절입니다. 추석에는 햇곡식과 햇과일로 조상에게 차례를 지내고, 성묘를 합니다. 또 추석에는 송편을 만들어 먹습니다. 전통적으로 추석날 밤이 되면 보름달을 보면서 소원을 빕니다.

03 (1) _____ 씨 고향에는 어떤 명절이 있어요? 고향 사람들이 명절에 먹는 특별한 음식이 있어요?

중국에는 한국의 추석처럼 중추제(중추절)라는 명절이 있습니다. 중추제는 음력 8월 15일이며, 중국 사람들은 이날에 월병이라는 음식을 먹습니다. 월병은 보름달 모양으로 만든 음식인데 안에 팥, 견과류, 여러 과일, 녹차 등을 넣어서 만듭니다.

(2) _____ 씨 고향에는 어떤 명절이 있어요? 고향 사람들이 명절에 하는 특별한 전통 놀이나 풍습이 있어요?

태국의 설날은 송크란(송끄란)이라고 합니다. 송크란은 서로에게 물을 뿌리거나 물총을 쏘면서 즐기는 물 축제입니다. 나쁜 것은 씻어 버리고 새해에 좋은 일만 가득하라는 축복의 의미입니다.

※ [04-05] 다음 질문에 대답하세요.

04 한국에는 여러 기념일이 있습니다.

(1) 한국에서 성년의 날은 언제예요? 성년의 날을 어떻게 기념해요? 성년의 날은 어떤 의미가 있나요?

한국의 성년의 날은 매년 5월 셋째 주 월요일입니다. 만 19세가 되는 것을 축하하며 친구들끼리 선물을 주고받습니다. 성년이 되면 음주나 흡연이 가능하고 부모님의 동의가 없어도 결혼할 수 있지만 법을 지키지 않았을 때는 그에 따른 책임도 져야 합니다.

(2) _____ 씨의 고향에서는 성년이 된 것을 어떻게 기념하나요?

필리핀에서는 첫 번째 생일과 7살 생일, 그리고 여자는 18살, 남자는 21살 생일을 중요한 생일로 생각해서 잔치를 크게 엽니다. 제 생각에 필리핀에서 18살과 21살의 생일에 크게 잔치를 여는 것은 한국의 성년의 날과 비슷한 의미라고 생각합니다. 18살과 21살의 생일은 사회인이 되는 첫날이기 때문에 사회의 중요한 구성원이 되기를 바라는 마음으로 큰 잔치를 열어서 축하합니다.

05 (1) 인터넷을 사용하는 사람들이 늘면서 인터넷에 댓글을 다는 사람들도 늘고 있는데 댓글의 장점과 단점은 무엇인가요?

댓글의 장점은 인터넷에서 사회 문제에 대해서 서로 의견이나 주장을 자유롭게 주고받을 수 있다는 것입니다. 댓글로 나의 생각을 다른 사람에게 전달할 수 있고 다른 사람의 의견도 들을 수 있어서 서로 소통할 수 있다는 장점이 있습니다. 하지만 댓글을 통해 자신의 불만을 일방적으로 이야기하거나 다른 사람에 대해서 나쁘게 말하거나 허위 사실을 퍼뜨리는 경우도 있습니다. 특히 이름을 알리지 않고 댓글을 쓸 수 있는 익명성을 악용하여 악플을 다는 경우도 많은데 이것이 댓글의 단점이라고 할 수 있습니다.

(2) 댓글을 달 때 지켜야 할 예절은 무엇이라고 생각하나요?

댓글을 달 때 상대방의 기분이나 감정은 어떨지 생각해 보고 달아야 합니다. 댓글을 통해 자신의 감정이나 의견을 전달하고 소통할 수도 있지만 상대방의 기분을 상하게 할 수도 있습니다. 그래서 다른 의견을 제시하더라도 상대방을 존중하면서 공손하게 댓글을 달아야 합니다. 특히 욕설이나 비속어는 사용하지 말아야 합니다.

5회 실전 모의평가

실전 모의평가 p.155

※ [01-03] 사진을 보고 질문에 대답하세요.

①	②
알아서 척척~ 구석구석 깨끗하게~	말 한마디로~ 음악을 켰다 껐다~

01 (1) ①은 무엇인가요? 사진에 대해 말해 보세요.

로봇 청소기입니다.

(2) ②는 무엇인가요? 사진에 대해 말해 보세요.

인공 지능 스피커입니다.

02 (1) 로봇 청소기에 대해 설명해 보세요.

로봇 청소기는 버튼 하나만 누르면 자동으로 청소를 해 주는 청소기입니다. 로봇 청소기가 없을 때는 사람이 직접 청소기를 돌려야 했는데 이제는 손가락 하나로 버튼만 누르면 사람이 청소기를 돌리지 않아도 집안 청소를 할 수 있게 되었습니다.

(2) 인공 지능 스피커에 대해 설명해 보세요.

예전에는 전자 제품의 버튼을 직접 눌러서 켜거나 껐는데 이제는 인공 지능 스피커가 있어서 말 한마디만 하면 집 안의 전자 제품을 켜거나 끌 수 있게 되었습니다. 또한 궁금한 것을 물어보면 알아서 대답을 해 줍니다. 아주 편리해졌습니다.

03 (1) 로봇 청소기나 인공 지능 스피커 외에 _____ 씨가 알고 있는 최신 제품에는 무엇이 있나요?

제가 알고 있는 최신 제품으로는 자율 주행차가 있습니다. 지금까지는 사람이 직접 운전대를 잡고 운전을 해야 했는데 최근에 사람이 운전하지 않아도 스스로 운전을 해 주는 자동차가 만들어졌습니다. 이 자동차가 보급이 되면 운전을 못하는 사람도 운전을 할 수 있을 뿐만 아니라 운전하는 시간에 다른 일을 하면서 이동할 수 있어서 아주 편리할 것 같습니다.

(2) 우리 생활에서 로봇이 많이 활용되고 있습니다. 로봇을 활용하는 것의 장점과 단점을 말해 보세요.

우리 생활에서 로봇이 많이 활용되고 있습니다. 예를 들면 로봇이 공장에서 제품을 조립하기도 하고 병원에서 의사 대신 수술을 하기도 합니다. 또한 실버 로봇의 경우 몸이 불편한 노인들의 식사와 샤워를 도와주기도 합니다. 이처럼 로봇이 인간의 삶을 편리하게 만들어 주고 있습니다. 반면에 로봇이 인간의 일자리를 대신하기 때문에 일자리가 줄어들어 실업자가 늘어나게 될 거라는 우려가 있습니다. 또한 로봇은 사람과 달리 감정이나 선악에 대한 구분이 없기 때문에 주어진 명령에 따라 법을 어기거나 나쁜 일에 사용될 수 있다는 단점도 있습니다.

※ [04-05] 다음 질문에 대답하세요.

04 직장 생활을 하는 사람이 많아지고 있습니다.

(1) _____ 씨는 한국에서 직장 생활을 해 봤나요? 직장 생활을 할 때 어떤 점이 어려웠나요?

네, 저는 지금 한국에서 직장 생활을 하고 있습니다. 직장 생활을 할 때 야근을 많이 해서 피곤하거나 월급이 적어서 힘들 때도 있지만 가장 힘든 것은 대인 관계입니다. 함께 일하는 사람과 관계가 나빠지면 스트레스를 많이 받기 때문입니다. 한국 문화를 잘 모르는 외국인이라 실수를 할 때도 있고, 오해를 받을 때도 있어서 대인 관계가 가장 힘듭니다.

(2) 한국에서 직장 생활을 잘 하려면 어떻게 하는 것이 좋다고 생각하나요?

한국에서 직장 생활을 잘 하려면 내가 맡은 업무 내용을 정확하게 파악하는 것이 중요합니다. 내가 맡은 업무에 최선을 다해서 책임감 있게 일해야 하고 출퇴근 시간을 잘 지켜야 합니다. 업무 시간에 인터넷 쇼핑을 하거나 개인적인 일을 하는 것은 피해야 합니다. 직장 생활은 혼자 하는 것이 아니므로 주변의 상사와 동료들과도 인간관계를 잘 유지해야 합니다.

05 한국의 전통적인 난방 방식으로 온돌이 있습니다.

(1) 한국의 온돌에 대해 설명해 보세요.

온돌은 추운 겨울을 따뜻하게 지낼 수 있는 한국의 전통적인 난방 방식입니다. 아궁이에 불을 때어 요리를 할 수도 있고, 방을 따뜻하게 할 수도 있어서 일석이조입니다. 지금은 온돌의 방식을 이용한 보일러를 사용해 뜨거운 물이 방바닥 아래로 흐르게 하여 집을 따뜻하게 만듭니다.

(2) _____ 씨의 고향에서는 난방이나 냉방을 어떻게 하나요?

제 고향은 겨울이 길고 눈이 많이 옵니다. 제 고향은 한국보다 훨씬 춥지만 난방을 나라에서 관리하기 때문에 개인적으로 집을 따뜻하게 하는 난방 방법이 많지 않습니다. 온풍기나 전기히터 등을 구매해서 사용하거나 창문의 틈을 잘 막아서 바람이 들어오지 않게 합니다. 그리고 겨울에는 집 안에서도 옷을 두껍게 입습니다.

제6장 종합평가 실전 모의평가

출제포인트 사회통합프로그램 종합평가 구술시험 실전 모의평가의 모범 답안 및 해설입니다. 자신의 답변과 비교해 보고, 부족한 부분은 반복적으로 연습합시다.

※ 휴대폰으로 QR코드를 찍으면 실전 모의평가 1회의 모범 답안을 들으실 수 있습니다.

1회 실전 모의평가

실전 모의평가 p.157

※ [01–03] 다음을 읽고 질문에 대답하세요.

> 대한민국의 고유 문자인 한글의 원래 이름은 훈민정음이다. 이는 백성을 가르치는 바른 소리라는 뜻이다. 훈민정음은 지금으로부터 약 600년 전에 조선의 세종대왕이 창제했다. 언어학자들에 의하면 한글은 자음과 모음이 결합되어 하나의 글자를 이룬다는 점에서 과학적인 문자라는 평가를 받고 있다. 한글의 모음은 하늘, 땅, 사람의 모양을 본떠서 만들었고 한글의 자음은 입술, 혀, 목 등의 사람의 발음 기관의 모양을 본떠서 만들었다. 한글은 모음과 자음을 결합하여 모든 글자를 만들 수 있다. 유네스코에서는 세종대왕의 업적과 한글의 우수성을 기념하기 위해 세계적으로 문맹퇴치사업에 기여를 많이 한 사람이나 단체를 선정하여 상을 주는데 그 상의 이름이 세종대왕상이다.

01 **(1) 한글이 처음 만들어졌을 때의 이름은 무엇이고, 그 의미는 무엇입니까?**

한글은 훈민정음이라는 이름으로 만들어졌으며, 훈민정음은 백성을 가르치는 바른 소리라는 뜻입니다.

(2) 언어학자들은 한글을 어떻게 평가하고 있습니까?

언어학자들은 한글을 자음과 모음이 결합되어 하나의 글자를 이룬다는 점에서 과학적인 문자라고 평가하고 있습니다.

02 (1) 모음과 자음은 어떻게 만들어졌습니까?

모음은 하늘과 땅, 사람의 모양을 본떠서 만들어졌고 자음은 입술, 혀, 목과 같은 사람의 발음 기관의 모양을 본떠서 만들어졌습니다.

(2) 세종대왕상은 어떤 상입니까?

유네스코에서 세종대왕의 업적과 한글의 우수성을 기념하기 위해서 문맹퇴치사업에 기여를 많이 한 사람이나 단체를 선정하여 주는 상입니다.

03 _____ 씨의 고향에서 사용하는 문자에는 어떤 특징이 있는지 이야기해 보세요.

중국에서는 한자를 사용합니다. 한자는 눈에 보이는 사물의 모양을 본떠서 만든 문자입니다. 예를 들면 뫼 산과 물 수는 각각 산과 물의 모양을 보고 만든 글자입니다. 또 이미 만들어진 글자들을 결합하여 새로운 글자를 만들기도 합니다. 그리고 한자는 각 단어마다 의미와 읽는 방법이 다릅니다. 그래서 한자를 배울 때는 글자를 하나하나 따로 따로 외워야 하는 점이 어렵습니다.

※ [04-05] 다음 질문에 대답하세요.

04 한국은 1960년대부터 산업화가 진행되면서 농촌 인구가 도시로 많이 이동했습니다.

(1) 이렇게 도시화 현상이 일어나면서 도시에 나타나는 문제에는 어떤 것들이 있는지, 이 문제를 해결하기 위해 정부가 어떤 노력을 하고 있는지 말해 보세요.

도시의 인구가 증가하면서 도시에서는 교통 문제, 환경 문제, 주택 문제가 발생하고 있습니다. 정부는 교통 문제를 해결하기 위해서 대중교통수단을 확충하고 환승할인제도, 버스 전용차로제, 혼잡 통행료 등의 제도를 실시하고 있습니다. 또한 환경 문제를 해결하기 위해서 쓰레기 분리수거를 의무화하고, 일회용품 규제 등을 실시하고 있습니다. 주택 부족 문제와 낡은 주택으로 인한 문제를 해결하기 위해서는 신도시를 건설하고 공공 임대 주택을 보급하며 도시 재개발 사업을 추진하는 등 여러 가지 노력을 하고 있습니다.

(2) 도시로 인구가 집중되면서 농촌에 나타나는 문제에는 어떤 것들이 있는지, 이 문제를 해결하기 위해 정부가 어떤 노력을 하고 있는지 말해 보세요.

학업이나 취업으로 인해 많은 젊은이들이 도시로 이동하면서 농촌의 청년 인구가 줄고, 노인 인구의 비율이 높아졌습니다. 그래서 농촌은 농사를 지을 일손과 노인들을 돌볼 인력이 부족해졌습니다. 또한 편의시설과 대중교통, 의료시설, 교육시설, 문화시설 부족과 같은 문제도 있습니다. 이러한 문제를 해결하기 위해서 농촌의 지방자치단체에서는 귀농을 하려는 사람들을 지원하고 있습니다. 또한 농촌의 생산성을 높이기 위해 새로운 기술이나 품종을 개발하고, 농업의 기계화와 자동화에 힘쓰고 있습니다. 그리고 농촌의 마을회관이나 폐교를 개조하여 문화시설로 바꾸거나 의료시설도 늘리고 있습니다. 또한 인터넷 교육, 정보화 교육 등을 실시하여 농촌의 생활이 편리해질 수 있도록 힘쓰고 있습니다.

05 한국은 동쪽, 서쪽, 남쪽의 지형이 모두 다릅니다.

(1) 한국의 동쪽, 서쪽, 남쪽의 지형은 어떤 특징이 있나요? 각각의 특징을 비교해서 말해 보세요.

한국은 전체적으로 동쪽이 높고 서쪽이 낮은 '동고서저'의 지형이며, 동쪽, 남쪽, 서쪽에는 바다가 있습니다. 국토의 약 65%가 산으로 이루어져 있으며 동쪽 지역은 태백산맥을 따라 설악산, 오대산 등의 산이 있습니다. 서쪽과 남쪽에는 강을 중심으로 농사를 지을 수 있는 넓은 평야가 있는데, 김포평야, 호남평야 등이 유명합니다. 또한 한국은 해안선이 단조로운 동해안, 해안선이 복잡하고 섬이 많은 남해안과 서해안으로 둘러싸여 있습니다. 특히 서해안은 갯벌이 발달했는데, 한국의 서해안 갯벌은 세계 5대 갯벌 중 하나로 꼽힙니다.

(2) 제주도는 한국에서 가장 크고 유명한 섬입니다. 그래서 여행을 오는 관광객들이 많습니다. 제주도에 대해서 아는 대로 말해 보세요.

제주도는 한국의 남쪽에 위치하고 있으며 한국에서 가장 크고 유명한 섬입니다. 제주도는 화산섬으로 경치가 아름답고 희귀한 동식물도 많이 살고 있습니다. 제주도는 이러한 자연적, 생태적 가치를 인정받아 세계자연유산으로 등재되었습니다. 제주도의 중앙에는 한국에서 가장 높은 산인 한라산이 자리 잡고 있으며, 따뜻한 날씨와 아름다운 자연 환경 때문에 한국을 대표하는 관광지가 되었습니다. 또한 제주도는 외국인이 비자 없이 방문할 수 있는 특별자치도로 지정되어 있어서 한국 사람들뿐만 아니라 외국인에게도 여행지로 많은 사랑을 받고 있습니다.

2회 실전 모의평가

실전 모의평가 p.159

※ [01-03] 다음을 읽고 질문에 대답하세요.

> 한복은 한국의 전통적인 옷이다. 한복을 입을 때 남자는 바지와 저고리를 기본으로 입고, 저고리 위에 조끼를 입으며 외출할 때는 두루마기를 입는다. 여자는 치마와 저고리를 기본으로 입고, 저고리 위에 배자를 입으며 외출할 때는 마고자를 입는다. 그리고 남녀 모두 발에는 양말 대신 버선을 신는다. 여름에는 시원하게 삼베나 모시로 한복을 만들었고 겨울에는 따뜻하게 비단이나 솜으로 한복을 만들어 입었다. 옛날 사람들은 한복을 특별한 명절뿐만 아니라 일생생활에서도 입었지만 요즘에는 설날이나 추석과 같은 명절, 결혼식이나 돌잔치 같은 특별한 날에만 한복을 입는다.

01 (1) **남자 한복의 옷차림에 대해 말해 보세요.**

남자는 한복을 입을 때 바지와 저고리를 기본으로 입고, 저고리 위에 조끼를 입으며 외출할 때는 두루마기를 입습니다. 그리고 발에 버선을 신습니다.

(2) **여자 한복의 옷차림에 대해 말해 보세요.**

여자는 한복을 입을 때 치마와 저고리를 기본으로 입고, 저고리 위에 배자를 입으며 외출할 때는 마고자를 입습니다. 그리고 발에는 버선을 신습니다.

02 (1) 옛날에 한국 사람들은 여름과 겨울에 한복을 어떻게 다르게 입었나요?

옛날 한국 사람들은 여름에는 삼베나 모시로 한복을 만들어 시원하게 입었습니다. 그리고 겨울에는 날씨가 춥기 때문에 비단이나 솜으로 한복을 만들어 따뜻하게 입었습니다.

(2) 옛날 사람들과 요즘 사람들은 한복을 언제 입나요? 어떻게 다른지 말해 보세요.

옛날 사람들은 특별한 명절뿐만 아니라 일상생활에서도 한복을 입고 살았습니다. 하지만 요즘에는 명절이나 특별한 행사가 있는 날에만 한복을 입고 일상생활에서는 한복을 입지 않습니다.

03 (1) 한국의 전통 옷은 한복입니다. _____ 씨의 고향에는 어떤 전통 옷이 있나요? _____ 씨 고향의 전통 옷의 이름은 무엇인지, 그 옷은 언제 입는지 말해 보세요.

제 고향 일본에는 유카타라는 전통 옷이 있습니다. 요즘 한국 사람들은 명절이나 특별한 날에만 한복을 입지만 일본 사람들은 일상생활에서 유카타를 즐겨 입는 편입니다. 예를 들어 축제나 불꽃놀이를 할 때 일본 사람들은 유카타를 입고 참석합니다. 또 온천에서 유카타를 입기도 하고, 일본의 길거리를 걷다 보면 유카타를 입고 일본 전통 신발인 게타를 신은 사람을 쉽게 볼 수 있습니다.

(2) _____ 씨는 한복을 입어 본 적이 있습니까? 한복을 입었을 때 느낌이 어땠습니까? 한복과 _____ 씨 고향의 전통 옷을 비교하여 이야기해 보세요.

제 고향인 중국의 전통 옷은 치파오입니다. 치파오는 예쁘지만 몸에 딱 붙어서 활동할 때 좀 불편하기도 합니다. 하지만 한복은 디자인이 넉넉해서 통통한 사람도 편하게 입을 수 있어서 좋은 것 같습니다. 저는 작년 여름에 경복궁에 간 적이 있는데 그때 한복을 입어 봤습니다. 한복은 생각보다 편했습니다. 그리고 색깔과 디자인도 다양하고 예뻐서 아주 마음에 들었습니다.

※ [04-05] 다음 질문에 대답하세요.

04 최근 한국 사회에서는 물품 구매 과정에서 피해를 입는 소비자가 늘고 있으며 소비자와 사업자 사이의 분쟁도 많이 발생하고 있습니다.

(1) 한국에서 소비자가 피해를 입고 분쟁이 발생하면 어떻게 해결할 수 있는지 그 방법을 설명해 보세요.

한국에서는 소비자가 피해를 입고 분쟁이 발생하면 한국소비자원, 소비자 단체 등의 전문기관의 도움을 받을 수 있습니다. 한국어를 잘하는 경우에는 1372 소비자 상담센터에 전화로 상담을 신청하거나 한국소비자원 홈페이지에 상담을 신청할 수 있습니다. 만약 한국어를 잘 못한다면 다누리콜센터(1577-1366)로 전화해서 상담원의 통역을 받아 상담을 할 수 있습니다. 이러한 기관에서는 분쟁이 생기면 누구에게 책임이 있는지 밝혀 주고 생산자의 잘못인 경우 적절한 보상이 이루어지도록 도와줍니다.

(2) _____ 씨의 고향에서 소비자가 피해를 입고 분쟁이 발생했을 경우 소비자가 보호받을 수 있는 방법이 있으면 설명해 보세요.

중국에도 한국처럼 소비자를 보호해 주는 기관인 중국소비자협회가 있습니다. 한국소비자원처럼 상품이나 서비스에 대해 감독과 점검을 하고 소비자가 제품에 대한 불만사항을 신고하면 불만사항에 대해 조사하고 조정해 줍니다.

05 한국에는 버스나 지하철 등 많은 대중교통이 있습니다.

(1) 대중교통을 이용할 때 지켜야 하는 예절에 대해서 이야기해 보세요.

지하철을 탈 때는 줄을 서서 기다려야 하며 내리는 사람들이 먼저 내린 후에 타야 합니다. 이때 새치기를 하면 안 됩니다. 또한 출입문이 닫힐 때는 무리하게 타면 안 됩니다. 그리고 버스는 앞문으로 타고 뒷문으로 내립니다. 대중교통을 이용할 때는 큰 소리로 전화 통화를 하거나 크게 음악을 들으면 안 됩니다. 또한 지하철이나 버스 안에서 음식물을 먹지 말아야 하고 임산부나 노약자가 있으면 자리를 양보해야 합니다.

(2) _____ 씨의 고향에서 대중교통을 이용할 때 지켜야 할 예절과 한국의 예절을 비교하여 말해 보세요.

한국에서는 버스정류장이나 지하철에서 담배를 피우면 안 됩니다. 하지만 우리 고향에서는 대중교통에서 담배를 피워도 됩니다. 또 한국에서는 지하철이나 버스를 탈 때 줄을 서서 타는데, 고향에서는 줄을 서지 않습니다. 처음 한국에 왔을 때는 줄을 서는 것이 불편하다고 생각했는데 시간이 지나고 익숙해지면서 모두를 위해 지켜야 하는 좋은 규칙이라는 생각이 들었습니다.

3회 실전 모의평가

실전 모의평가 p.160

※ [01-03] 다음을 읽고 질문에 대답하세요.

최근 한국 가족 연구소의 조사에 따르면 1인 가구가 전체 가구 수의 35.5%를 차지하였다. 1인 가구의 증가 원인으로는 이혼율의 증가, 고령화, 결혼에 대한 가치관의 변화 등을 꼽을 수 있다. 그로 인해 이들을 대상으로 한 상품과 서비스도 많이 생기고 있다. 예를 들면 마트나 편의점에서 소포장 상품이 증가하고, 소형 주택이 인기를 얻고 있다. 또한 1인 가구를 위한 생활 물품 대여, 세탁, 청소, 장보기 등의 서비스업도 증가하고 있다. 1인 가구의 증가로 우리 사회에는 크고 작은 변화들이 생길 수밖에 없다. 그러므로 정부는 이러한 변화에 맞춰 1인 가구를 위한 주거 지원 정책이나 독거노인을 위한 돌봄 서비스 등 다양한 정책을 마련해야 할 것이다.

01 (1) 1인 가구의 비율은 어느 정도인가요?

1인 가구의 비중은 전체 가구 수의 35.5% 정도를 차지한다고 합니다.

(2) 1인 가구가 증가하는 원인은 무엇인가요?

1인 가구가 증가하는 원인으로는 이혼율의 증가, 고령화, 결혼에 대한 가치관의 변화 등이 있습니다.

02 (1) 1인 가구가 증가하면서 어떤 업종이 함께 증가하고 있나요?

1인 가구를 위한 생활 물품 대여, 세탁, 청소, 장보기 등의 서비스업이 증가하고 있습니다.

(2) 1인 가구를 위해 어떤 정책이 필요하다고 했나요?

1인 가구를 위한 주거 지원 정책이나 혼자 사는 노인을 위한 돌봄 서비스 등의 다양한 정책이 필요하다고 했습니다.

03 (1) 한국 사회에서 점점 줄어들고 있는 대가족의 특징은 무엇이며, 그 장점은 무엇이라고 생각하나요?

대가족은 조부모, 부모, 자녀 이렇게 3대가 함께 사는 가족으로, 한국의 전통적인 가족 형태입니다. 여러 세대가 한 집에 같이 살기 때문에 가족 간의 유대가 깊다는 특징이 있습니다. 또한 어른을 모시고 살기 때문에 집안의 중요한 일은 어른들이 결정할 때가 많습니다. 대가족의 장점은 가족 간의 따뜻한 정을 느낄 수 있고, 어려운 일이 있을 때 도움을 받을 수 있다는 점입니다.

(2) 한국 사회에서 점점 증가하고 있는 핵가족의 특징은 무엇이며, 그 장점은 무엇이라고 생각하나요?

핵가족은 부부와 결혼하지 않은 자녀가 함께 사는 가족을 말합니다. 자녀들이 학업이나 취업 등으로 부모와 떨어져 살면서 증가하게 되었습니다. 핵가족의 장점은 가족 관계가 평등하고 부부가 같이 집안의 중요한 일을 결정하며, 개인 생활을 존중받을 수 있다는 점입니다.

※ [04-05] 다음 질문에 대답하세요.

04 한국의 인터넷은 세계에서 가장 빠르다고 평가받을 만큼 발달했습니다.

(1) _____ 씨는 인터넷을 어떻게, 어떤 용도로 사용하고 있는지 말해 보세요.

저는 모르는 단어가 있으면 인터넷으로 검색해 보고, 고향 친구에게 이메일을 보내기도 합니다. 또 인터넷으로 쇼핑도 하고, 인터넷 뱅킹도 이용하고 있습니다. 시간이 있으면 게임을 할 때도 있고, 드라마나 영화를 보기도 합니다. 또 경치가 좋은 곳에 가면 사진을 찍어서 SNS에 올리기도 합니다. 그만큼 인터넷은 저에게 중요한 수단이기 때문에 인터넷이 없는 생활은 상상할 수 없습니다.

(2) 인터넷에는 긍정적인 면도 있지만 부정적인 면도 있습니다. 인터넷의 부정적인 면을 해결하기 위한 방법을 말해 보세요.

인터넷은 편리하지만 부정적인 면도 많습니다. 요즘은 어린 아이들까지 인터넷으로 게임을 하다 보니 쉽게 게임 중독에 빠지기도 합니다. 또 개인정보가 유출되기도 하고, 인터넷에 있는 부정확한 정보로 피해가 생기기도 합니다. 그러므로 아이들은 부모님께 허락을 받고 정해진 시간에만 인터넷을 사용해야 합니다. 또한 개인정보 유출을 막기 위해 너무 개인적인 정보는 인터넷에 올리지 말아야 하고, 비밀번호를 자주 바꿔야 합니다. 인터넷으로 필요한 정보를 검색할 때는 인터넷에 있는 정보를 그대로 믿지 말고 책이나 다른 자료들과 함께 비교하면서 정보를 살펴봐야 합니다.

05 한국은 사계절이 있는 나라입니다. 그래서 한국의 전통 가옥인 한옥은 사계절의 특징을 잘 담고 있습니다.

(1) 더운 여름과 추운 겨울을 각각 대비하기 위해 한옥에 설치한 장치에 대해서 이야기해 보세요.

한국은 더운 여름과 추운 겨울이 있기 때문에 이를 대비하여 한옥에 대청마루와 온돌을 설치했습니다. 대청마루는 큰 마루라는 뜻으로, 방과 방 사이에 대청마루를 두어 더운 여름을 시원하게 보낼 수 있었습니다. 또한 추운 겨울을 따뜻하게 보내기 위해서 방에 온돌을 설치했습니다. 온돌은 아궁이에 불을 때면 열기가 방바닥을 따뜻하게 데워 주고, 연기는 굴뚝으로 빠져나가는 과학적인 구조로 이루어져 있습니다.

(2) 한옥과 고향의 전통 가옥을 비교하여 이야기해 보세요.

제 고향에는 더운 여름만 있습니다. 그래서 사람들은 물가나 물 위에 집을 짓고 삽니다. 물에 긴 말뚝을 박고 그 위에 집을 짓습니다. 보통 나무와 나뭇잎을 이용해 집을 짓는데, 이렇게 하면 바람이 잘 통해서 시원하고 습하지 않습니다. 그리고 해충도 들어오지 않아서 좋습니다. 집이 물 근처에 있어서 물고기를 잡으러 가는 것도 편리합니다. 한옥에는 추운 겨울을 견디기 위해 온돌을 설치하였지만 제 고향에는 겨울이 없어서 난방장치가 없습니다.

4회 실전 모의평가

실전 모의평가 p.162

※ [01-03] 다음을 읽고 질문에 대답하세요.

1948년 남한에서는 대한민국 정부가 수립되고 북한에서는 김일성을 중심으로 공산주의 정권이 수립되었다. 1950년 6월 25일에 소련의 지원을 받은 북한이 남한을 침공하여 6·25 전쟁이 시작되었다. 남한은 북한의 기습 공격에 3일 만에 서울을 빼앗기고 전쟁에서 패배할 뻔했으나 유엔에서 북한의 공격을 침략으로 규정하고 남한을 돕기 위해 유엔군을 보냈다. 낙동강 근처까지 밀렸던 국군과 유엔군은 인천상륙작전으로 전쟁의 분위기를 바꾸어 서울을 되찾고 38도선을 넘어서 압록강까지 올라갔다. 하지만 중국에서 북한에 대규모의 군대를 지원하면서 국군과 유엔군은 후퇴하게 되었고, 남한과 북한은 38도선을 경계로 3년 동안 전쟁을 계속하다가 정전 협정을 맺었다. 이후 남한과 북한은 서로에 대한 불신 때문에 긴장 속에서 대립하기도 하고 때로는 교류하며 화해 분위기를 형성하기도 했다. 남북정상회담, 금강산 관광, 이산가족 상봉 행사로 남북관계가 크게 개선되기도 하였고 북한의 핵실험을 계기로 남북관계는 위기를 맞기도 하였다.

01 (1) 1948년에 남한과 북한에는 어떤 정부가 수립되었나요?

남한에는 대한민국 정부가 수립되었고, 북한에는 김일성을 중심으로 공산주의 정권이 수립되었습니다.

(2) 6 · 25 전쟁은 어떻게 일어나게 되었나요? 남한과 북한은 현재 어떤 상태인가요?

북한이 소련의 지원을 받아 1950년 6월 25일에 전쟁을 일으켰습니다. 1953년에 정전 협정을 맺고 현재까지 분단되어 있는 상태입니다.

02 (1) 남한이 북한의 기습 공격을 받고 3일 만에 서울을 빼앗기고 전쟁에서 거의 패배할 뻔했습니다. 이때 전쟁의 분위기를 바꾼 사건은 무엇이며, 어떻게 이루어졌습니까?

전쟁의 분위기를 바꾼 사건은 인천상륙작전입니다. 인천상륙작전은 유엔이 북한의 공격을 침략으로 규정하고 남한을 돕기 위해 유엔군을 인천에 상륙시킨 것입니다. 인천상륙작전이 성공하면서 낙동강 근처까지 밀렸던 국군과 유엔군은 서울을 되찾았습니다.

(2) 남한과 북한은 1953년에 정전 협정을 맺었습니다. 그 이후 남한과 북한의 관계는 어떻게 되었으며, 남한과 북한의 관계를 개선시킨 사건으로는 무엇이 있습니까?

남한과 북한은 정전 협정 이후 북한의 핵실험 등으로 긴장하고 대립하는 경우도 있었지만 때로는 교류하며 화해 분위기를 형성하기도 했습니다. 남한과 북한의 관계를 개선시킨 사건으로는 남북정상회담, 금강산 관광, 이산가족 상봉 행사가 있습니다.

03 (1) 남한과 북한은 통일을 해야 할까요? 왜 해야 할까요? 하지 말아야 한다면 왜 하지 말아야 할까요? 남한과 북한의 통일에 대한 자신의 생각을 말해 보세요.

저는 남한과 북한은 원래 한민족이었기 때문에 통일을 해야 한다고 생각합니다. 남한에는 자본과 기술력이 있고, 북한에는 지하자원과 노동력이 있기 때문에 두 나라가 힘을 합친다면 경제적으로 더 빠르게 성장할 수 있을 것입니다. 그리고 두 나라의 철도를 연결한다면 중국이나 러시아를 넘어 유럽까지도 한번에 갈 수 있는 길이 열리게 될 것입니다. 또한 국방비도 아낄 수 있고, 북한 사람의 인권 개선에도 영향을 미칠 뿐만 아니라 한반도에 전쟁의 위협이 사라지고 평화가 찾아올 것입니다. 그래서 저는 남한과 북한이 통일을 해야 한다고 생각합니다.

(2) 남한과 북한의 통일을 위해서 남북의 정부와 국민은 어떤 노력을 해야 할까요?

남한과 북한은 한민족이지만 오랜 시간 동안 단절되어 살아 왔기 때문에 많은 부분이 달라졌습니다. 그래서 민족의 동질성 회복을 위해 언어, 문화, 생활에 대한 연구가 체계적으로 이루어져야 하고 조금씩 교류를 늘려 나가 서로를 이해할 수 있는 기반을 마련해야 한다고 생각합니다. 북한은 신뢰받을 수 있는 모습을 남한에 보여주어야 하고 통일을 대비하여 통일기금을 마련해야 한다고 생각합니다.

※ [04-05] 다음 질문에 대답하세요.

04 한국 사람들은 세종대왕과 이순신 장군을 존경합니다.

(1) 세종대왕은 어떤 사람인가요? 어떤 업적을 남겼나요?

세종대왕은 백성들을 위한 정치를 한 임금입니다. 훈민정음을 만들어 백성들이 글을 읽고 쓸 수 있게 하였으며 농사가 잘 되도록 앙부일구, 자격루, 혼천의, 측우기 등 여러 가지 과학적인 기구를 만들었습니다.

(2) 한국 사람들은 왜 이순신 장군을 존경하는 인물로 손꼽을까요?

이순신 장군은 조선 시대의 장군으로 임진왜란 때 조선에 침략한 일본군에 맞서 조선의 바다를 지켰습니다. 거북선과 훌륭한 전술을 이용해 적은 수의 배로 일본군의 많은 배를 침몰시키고 전쟁에서 승리하였습니다. 한국 사람들은 나라를 지키기 위해 자신의 목숨을 아끼지 않았던 이순신 장군의 나라를 사랑하는 마음과 용기를 존경하는 것 같습니다.

05 _____ 씨는 한국의 결혼식에 가 본 적이 있나요?

(1) 한국의 결혼 문화와 고향의 결혼 문화의 공통점에 대해서 말해 보세요.

한국에서는 결혼식에 가족과 친구들이 와서 결혼을 축하해 주고, 신랑과 신부는 찾아와 준 하객들에게 음식을 대접합니다. 우리 고향에서도 똑같이 가족과 친구들이 결혼식에 참석하고, 함께 맛있는 음식을 나누며 결혼을 축하합니다. 한국에서 축하의 뜻으로 신랑, 신부에게 축의금을 주는 것처럼 우리 고향의 결혼식에서도 요즘은 축의금을 내고 있습니다.

(2) 한국의 결혼 문화와 고향의 결혼 문화의 차이점에 대해서 말해 보세요.

한국의 결혼식은 1시간 안에 끝나는데 고향에서는 결혼식을 3일 정도 합니다. 그리고 한국에서는 신랑과 신부가 턱시도와 웨딩드레스를 입고 결혼하지만 고향에서는 빨간색 전통 의상을 입고 결혼식을 합니다. 또한 한국에서는 축의금을 하얀 봉투에 넣어 주지만 고향에서는 빨간 봉투에 넣어서 줍니다.

5회 실전 모의평가

※ [01-03] 다음을 읽고 질문에 대답하세요.

저는 한국에 온 지 1년쯤 된 중국 사람입니다. 저는 지난달에 지금 회사로 이직하게 되었습니다. 전에 다니던 직장은 일도 많고 집과 멀어서 출퇴근하기에도 힘들었습니다. 지금 회사에는 한국 사람이 많습니다. 그리고 대부분 저보다 연세가 많습니다. 저는 그분들과 매일 같이 일하고 식사도 함께 하면서 많은 시간을 보냅니다. 그런데 이야기를 하다 보면 선배들이 윗사람에게 그렇게 말하면 안 된다고 말할 때가 많습니다. 그런 말을 들을 때마다 선배들의 기분이 안 좋아진 것 같아서 마음이 불편해지곤 합니다. 이런 일이 자주 생겨서 그런지 저는 요즘 선배들과 함께 있는 자리를 자꾸 피하게 됩니다. 한국에서는 대인 관계에서 높임말 사용이 중요한데 저는 높임말이 아직도 너무 어렵습니다. 한국어 수업시간에 높임말을 배우기는 했지만 그것으로는 부족한 것 같습니다. 저는 선배들과 잘 지내고 싶은데 어떻게 해야 좋을까요?

01 (1) 이 사람은 왜 직장을 바꾸었나요?
전에 다니던 직장은 일도 많고 집에서 멀었기 때문에 지금 회사로 옮기게 되었습니다.

(2) 이 사람이 새로 옮긴 직장에는 어떤 사람이 많은가요?
한국 사람이 많은데 이 사람보다 연세가 많으신 분들이 대부분입니다.

02 (1) 이 사람이 선배들과 같이 있는 자리를 피하는 이유는 무엇인가요?
이 사람은 높임말이 어려워서 선배들에게 윗사람에게 그렇게 말하면 안 된다는 말을 들을 때가 많고, 그런 말을 들을 때마다 선배들의 기분을 나쁘게 만든 것 같아서 마음이 불편하다고 했습니다. 그래서 선배들과 같이 있는 자리를 피합니다.

(2) 이 사람이 한국 생활에서 어려워하는 것은 무엇인가요?
이 사람은 높임말 사용을 어려워합니다. 회사에서 자기보다 나이가 많은 분들과 일하는데 높임말을 잘 사용하지 못해서 힘들 때가 있다고 했습니다.

03 (1) 한국에서 직장 생활을 잘하려면 어떻게 해야 하나요?
직장 생활을 잘하려면 출근 시간에 지각하지 않아야 하며 근무 태도가 좋아야 합니다. 성실하게 자신이 맡은 일에 책임을 다해야 합니다. 또한 직장 안에서의 대인 관계도 중요하므로 대화할 때 높임말을 잘 사용해야 하며 인사를 잘하고 예의를 지켜야 합니다.

(2) 다른 사람과의 대인 관계를 잘 유지하기 위해서 중요한 것은 무엇인가요?
다른 사람과의 대인 관계를 잘 유지하려면 인사를 잘하고 예의를 지켜야 하며 존댓말이나 높임말을 잘 사용해야 합니다. 또한 상대방이 이야기할 때 관심을 가지고 잘 들어야 합니다. 또한 대인 관계에서는 신뢰가 중요하므로 거짓말을 하면 안 됩니다.

※ [04-05] 다음 질문에 대답하세요.

04 한국 사람들은 가족을 소중하게 생각합니다.

(1) 한국의 전통적인 가족의 모습과 현대 가족의 모습을 비교하여 이야기해 보세요.

전통적인 한국 가족의 모습은 결혼한 자녀가 부모님을 모시고 사는 대가족의 형태였습니다. 하지만 산업화 이후 학업이나 취업 등의 이유로 자녀들이 부모를 떠나 도시로 나가게 되었고, 취업을 하고 결혼하여 도시에 정착하게 되면서 가정을 따로 꾸리는 경우가 많아졌습니다. 그래서 지금은 대가족보다는 부모와 결혼하지 않은 자녀가 함께 사는 형태인 핵가족을 더 많이 볼 수 있습니다. 그리고 과거에는 보통 3명 이상의 자녀를 낳아서 키웠지만 요즘은 교육비의 부담, 여성의 경제 활동 증가로 자녀를 1~2명만 낳거나 낳지 않고 사는 부부도 많아졌습니다.

(2) _____ 씨 고향의 가족의 모습과 한국의 가족의 모습을 비교하여 이야기해 보세요.

현대 한국의 가족의 모습은 예전과 달리 부모님과 결혼하지 않은 자녀가 사는 핵가족의 형태가 많습니다. 또 결혼을 해도 아이를 낳지 않고 부부만 함께 사는 가족, 결혼하지 않고 혼자 사는 1인 가구도 많아지고 있습니다. 하지만 우리 고향은 예전의 한국처럼 결혼한 아들 부부가 부모님을 모시고, 자식을 5~6명 정도 낳고 사는 대가족이 많습니다. 그래서 저는 처음에 한국에 와서 결혼한 아들이 부모님과 함께 살지 않는 모습을 보고 좀 이상하다고 느꼈는데, 지금은 가족의 모습이 여러 가지 있다는 것을 이해하게 되었습니다.

05 한국 국민들에게는 지켜야 할 의무가 있습니다.

(1) 한국의 국민들이 지켜야 하는 국민의 4대 의무에 대해서 말해 보세요.

한국 국민의 4대 의무에는 납세의 의무, 국방의 의무, 교육의 의무, 근로의 의무가 있습니다. 납세의 의무는 세금을 내야 하는 의무이고, 국방의 의무는 나라를 지켜야 하는 의무입니다. 교육의 의무는 자녀가 있을 경우 초등학교부터 중학교까지의 교육을 반드시 받게 해야 하는 의무를 말합니다. 마지막으로 근로의 의무는 일할 능력이 있는 국민은 능력 안에서 정당한 근로를 할 의무가 있다는 것을 말합니다.

(2) 한국 국민들은 왜 국민의 4대 의무를 지켜야 할까요? 4대 의무의 중요성에 대해 말해 보세요.

국민의 4대 의무는 한국 국민으로서 당연히 해야 하는 일이기 때문에 꼭 지켜야 합니다. 의무를 다하지 않으면 사회가 혼란에 빠질 수 있습니다. 국민들이 세금을 내지 않으면 정부가 나라를 운영할 돈이 없어질 것이고, 국방의 의무를 지키지 않으면 나라의 안전이 유지될 수 없습니다. 교육의 의무를 지키지 않으면 자녀들이 교육을 받지 못하기 때문에 자녀의 미래뿐만 아니라 국가의 미래도 없어질 것입니다. 또한 아무도 일하지 않으면 나라의 사회와 경제가 멈춰 나라가 망하게 될 것입니다. 그리고 의무를 지켜야 나에게 주어지는 권리도 주장할 수 있다고 생각합니다. 그래서 의무를 다하는 것은 중요합니다.

좋은 책을 만드는 길, 독자님과 함께하겠습니다.

2026 시대에듀 귀화 면접심사 & 사회통합프로그램 구술시험 기출분석

개정6판1쇄 발행	2026년 01월 05일(인쇄 2025년 09월 19일)
초 판 발 행	2019년 08월 05일(인쇄 2019년 06월 17일)
발 행 인	박영일
책 임 편 집	이해욱
편 저	사회통합교육연구회
편 집 진 행	구설희 · 곽주영
표지디자인	조혜령
편집디자인	조은아 · 김휘주
발 행 처	(주)시대고시기획
출 판 등 록	제10-1521호
주 소	서울시 마포구 큰우물로 75 [도화동 538 성지 B/D] 9F
전 화	1600-3600
팩 스	02-701-8823
홈 페 이 지	www.sdedu.co.kr
I S B N	979-11-434-0065-9
정 가	17,000원

※ 이 책은 저작권법의 보호를 받는 저작물이므로 동영상 제작 및 무단전재와 배포를 금합니다.
※ 잘못된 책은 구입하신 서점에서 바꾸어 드립니다.

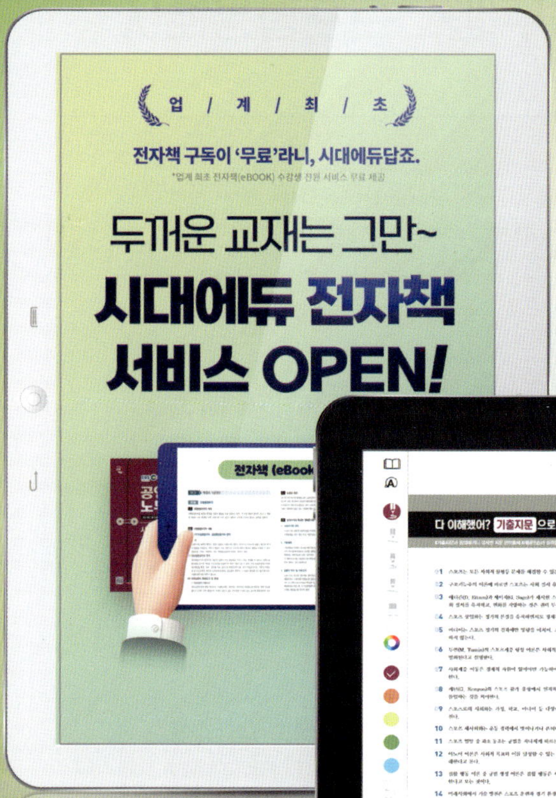

시대에듀 전자책 (eBOOK)으로 간편하게 공부하세요!

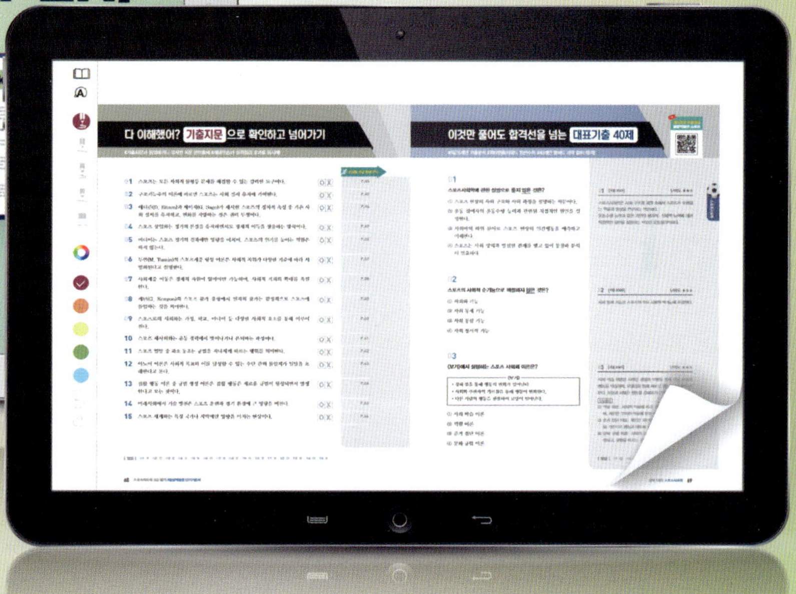

학습 효율 UP

DOWN 불편함

학습 효율은 높아지고, 불편함은 사라지는 합리적 선택!

#활용성 #편의성 #올인원 학습

늘어나는 학습량만큼 쌓여 가는 교재. 그 무게를 덜기 위해 시대에듀가 먼저 바꿨습니다.
가방은 가볍게, 공부는 더 똑똑하게. 이제, 시대에듀 전자책으로 새로운 학습을 시작해 보세요.

시대에듀(eBOOK)전자책 이용 방법

1 시대에듀 회원 가입 **2** 전자책(eBOOK) 신청 **3** 무료로 이용 시작

시대에듀 전자책 무료 구독 GO! →

* 업계 최초 전자책(eBOOK) 수강생 전원 서비스 무료 제공

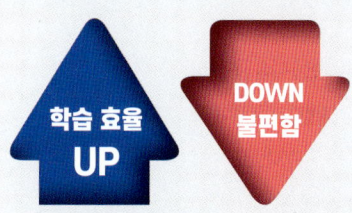

진정한 한국인이 되기 위한
합격의 공식

POINT 1   어휘력 향상을 위한 가장 효율적인 방법

어휘로 기초 다지기 문법으로 실력 다지기

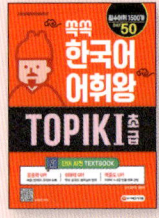      

- 체계적으로 익히는
  쏙쏙 한국어 어휘왕 TOPIK Ⅰ·Ⅱ

- 한국어 선생님과 함께하는
  TOPIK 한국어 문법 Ⅰ·Ⅱ

POINT 2   출제 경향에 맞추어 공부하는 똑똑한 학습법

핵심 이론 실전 모의고사 최신 기출문제 수록

- 영역별 무료 동영상 강의로 공부하는
  TOPIK Ⅰ·Ⅱ 한 번에 통과하기, 실전 모의고사, 쓰기, 말하기 표현·읽기 전략·쓰기 유형 마스터, 기출 유형 문제집

- 저자만의 특별한 공식 풀이법으로 공부하는
  TOPIK Ⅰ·Ⅱ 단기완성

검색창에 시대에듀 를 검색해 보세요.
당신이 진정한 한국인이 되기까지 항상 함께하겠습니다.

POINT 3 빠른 국적 취득을 위한 남다른 전략

실전 모의고사 ➕ 최신 기출 유형 반영

- 법무부 공인 교재를 완벽 반영한
  사회통합프로그램 사전평가 · 중간평가 · 종합평가 실전 모의고사

- 1단계부터 3단계까지 빠르게 합격하는
  사회통합프로그램 단계평가 1 · 2 · 3 단계별 실전 모의고사

POINT 4 목적에 따라 공부하는 특별한 학습법

핵심 이론 실전 모의고사 최신 기출 유형 반영

- 법무부 공인 교재를 완벽 반영한
  사회통합프로그램 사전평가 단기완성, 종합평가 한 권으로 끝내기

- 어려운 면접심사 · 구술시험 · 작문시험의 완벽 대비를 위한
  귀화 면접심사&사회통합프로그램 구술시험 기출분석,
  사회통합프로그램 중간평가 · 종합평가 작문시험 완전 정복

※ 도서의 이미지 및 구성은 변경될 수 있습니다.

사각사각 매일 쓰는
한국어 일기 한 조각

지루한 한국어 글쓰기는 이제 그만!
매일 다양한 주제를 읽으며,
선생님의 글쓰기 Tip을 따라 꾸준히,
매일 조금씩 딱 10분만!

배워서 바로 써먹는
찰떡 한국어 시리즈

한국에서의 생존을 위한
필수 회화

재미있는 한국 생활을 위한
꿀잼 회화

한국에서의 자아실현을 위한
맞춤 회화
(출간 예정)